So you really want to

French

Book One

Published by Galore Park Publishing Ltd,
338 Euston Road, London NW1 3BH
www.galorepark.co.uk

Text copyright © Nigel Pearce 2004
Illustrations copyright © Galore Park 2004

Typesetting by Typetechnique, London W1
Illustrations by Ian Douglass

Printed in Dubai

ISBN: 978 1 902984 11 7

First published 2004, reprinted 2006, 2008, 2009, 2010, 2011, 2012, 2014

Details of other Galore Park publications are available at www.galorepark.co.uk

ISEB Revision Guides, publications and examination papers may also be obtained from Galore Park.

So you really want to learn

French

Book One

Nigel Pearce B.A. M.C.I.L.

Editor: Joyce Capek

GALORE PARK

www.galorepark.co.uk

Table of contents

Introduction

Chapitre 1

Chapitre 2

Chapitre 3

Chapitre 4

Chapitre 5

Chapitre 6

Chapitre 7

Chapitre 8

Chapitre 9

Chapitre 10

Summary of grammar

Verb tables

Vocabulaire

Preface

Firstly, this book, and the whole French Prep project, would not have seen the light of day but for the enthusiasm, encouragement and endless patience of Nicholas Oulton, the series editor and publisher.

There are several people who have kindly taken an interest in the production of this work and I am extremely grateful to them. I should like to thank in particular Joyce Capek of the Dragon School, Oxford, for her scrupulous editing and for a large number of suggestions and additional practice exercises which have been included in the book. My thanks are also due to Paul Cheater, of the Summer Fields MFL Department, for carrying out an initial, exploratory proof-read, and for wholeheartedly supporting the project from the very start. I should also like to thank Jennie Williams and Geraldine Hazzleton of ISEB for the long hours they have devoted to this project, and Bill Inge and Andrew Davies for their help and advice. Thanks are also owed to Mme Redgwell of Hill House International School for some invaluable suggestions and points of style.

Finally, I should like to thank my wife Linda for her endless supply of common sense and inspiration.

NJP, September 2004

Acknowledgements

The publishers are grateful to the La Rochelle Tourist Information Office and Château Chenonceau for permission to reproduce photographs used in this book. Thanks are also due to Mike Sparrow (www.mikesparrow.com) for his *n'est-ce pas* cartoon on page 35 and to the tireless Ian Douglass, for his infinite patience in producing the large number of cartoons in this book and putting up with the last minute changes to the text!

Introduction

About this book

The French language is quite difficult, but if you *really* want to learn how to listen, speak, read and write it, this book will start you off! There is a wide range of passages to read and listen to, and exercises that will help you to practise what you have learned. Remember that French not only has different words from English but it sounds very different too. Just ask a French person to say the word 'France' and you will see what I mean. All this makes learning another language such fun!

Why French looks different

One of the first things you will notice about French is the little marks above (or below) some letters in a word. These are accents. They tell you how to pronounce the word, and sometimes tell you its meaning if two words are otherwise spelt the same. There are five accents that you will meet and each has its own particular job to do:

1.   **The acute accent** (l'accent aigu):
       Written over the letter 'e' this changes its sound from the 'e' sound in the word 'the' to the 'ay' sound in 'bay'.
       e.g. **le** = the; **bébé** = baby.

2.   **The grave accent** (l'accent grave):
       Written over an 'e', this changes its sound from the 'e' sound in the word 'the' to the 'e' sound in 'bed'.
       e.g. **le** = the; **très** = very.
       Written over an 'a', it makes no change to the sound, but does differentiate certain words.
       e.g. il **a** = he has; **à** = to.

3.   **The circumflex accent** (l'accent circonflexe):
       Written over a vowel, this often shows where a letter 's' used to be in Latin or Old French, and can be helpful when working out the meaning of a word.
       e.g. **fête** = holiday (think of 'feast').

4.   **The cedilla** (la cédille):
       Written under a 'c', this softens the sound from an English 'k' to an 's' sound.
       e.g. **ça** = that.

5.   **The trema** (le tréma):
       Written over the second of two vowels, this tells you to pronounce the two vowels separately.
       e.g. **Noël** = Christmas.

Note that the acute, grave and circumflex accents are often not written over capital letters. In this book, however, we will always write them (so that you know that they are there!).

Chapitre 1

Bonjour!

In this first chapter you will find out how to greet people, to ask their names and ask how they are. You will also learn a little about France, the country where this wonderful language is spoken. It is also spoken in many other countries around the world. Do you know which ones?

Exercice 1.1

Passe le CD pour écouter le dialogue:
Play the CD to listen to the dialogue:

Monsieur Béchet. Bonjour, Madame!
Madame Lacroix. Bonjour, Monsieur!
Monsieur Béchet. Ça va?
Madame Lacroix. Ça va bien, merci. Et vous?
Monsieur Béchet. Ça va.
Robert. Bonjour, Nathalie!
Nathalie. Bonjour, Robert!
Chantal. Bonjour, Nathalie!
Nathalie. Salut, Chantal! Ça va?
Chantal. Ça va. Et toi?
Nathalie. Ça va très bien!

bonjour!	hello!
Madame	Madam, Mrs
Monsieur	Sir, Mr
ça va?	how are you?
ça va bien	I'm fine
merci	thank you
et vous?	what about you?
ça va	I'm OK
salut!	hi!
et toi?	what about you?
très	very

Tu ou vous?

In French there are different words for 'you'. Tu and toi are singular (i.e. when there is just one of 'you'), used to a member of your family, a young child, a friend or a pet (the **familiar form**). The other word for 'you' is vous, used to an adult or someone you do not know well (the **polite form**), or to more than one person (the **plural form**). This distinction between the familiar and polite form is very important in French.

À toi!
Your turn

1.   With a partner, practise greeting each other in French.
2.   Ask your partner how he or she is.

Exercice 1.2

Passe le CD pour écouter le dialogue:

je m'appelle	I am called
comment t'appelles-tu?	what is your name?
moi	me (emphatic)
et	and
tu t'appelles	you are called
je suis	I am
il/elle s'appelle	he/she is called
excuse-moi!	excuse me!
oui	yes
non	no

Je m'appelle

To say our names, we use the verb s'appeler:

je m'appelle   **I** am called
tu t'appelles   **you** are called
il s'appelle   **he** is called
elle s'appelle   **she** is called

What we are actually saying is 'I call myself', 'you call yourself', etc.
Another way of saying one's name is simply to say: Je suis … = I am …

e.g.   Je suis Nicolas. = I am Nicolas.

When asking what someone's name is, the question Comment t'appelles-tu? can be asked in two other ways, just by changing the order of the words:

> Tu t'appelles comment?
> Comment tu t'appelles?

Exercice 1.3

Passe le CD pour écouter le dialogue:

Le nouveau professeur
The new teacher

M. Duval.   Bonjour. Je m'appelle Monsieur Duval.
Alexandre.   Bonjour, Monsieur. Je m'appelle Alexandre.
M. Duval.   Et toi, comment tu t'appelles?
Aurélie.   Moi, je m'appelle Aurélie.
M. Duval.   Elle s'appelle comment?
Aurélie.   Elle s'appelle Alice.
M. Duval.   Il s'appelle Jean-Michel, n'est-ce pas?
Aurélie.   Non, Monsieur. Il s'appelle Jean-Marc.
M. Duval.   Alors, tu t'appelles Alice?
Alice.   Oui, Monsieur. Je m'appelle Alice.
M. Duval.   Et tu t'appelles Jean-Marc?
Jean-Marc.   Oui, c'est ça. Je suis Jean-Marc. Au revoir, Monsieur.
M. Duval.   Au revoir, Jean-Marc.

> n'est-ce pas? = isn't that so?
> alors = so, well then
> c'est ça = that's right
> au revoir = goodbye

* Note the abbreviation for Monsieur is M. and that for Madame is Mme. An unmarried lady is Mademoiselle, abbreviated to Mlle.

À toi!
Your turn!

Now get into groups and practise similar dialogues, saying 'hello' and introducing yourself in French. Then say goodbye.

Exercice 1.4

Comment dit-on … en français?
How does one say … in French?

1. Comment dit-on: 'look at …' en français?
2. Comment dit-on: 'play the CD!' en français?
3. Comment dit-on: 'goodbye' en français?
4. Comment dit-on: 'he' en français?
5. Comment dit-on: 'she' en français?

Exercice 1.5

Donne le français pour:
Give the French for:

1. How does one say?
2. She is called
3. He is called
4. Hello, my name is …
5. What is your name?

C'est bon!

Bon anniversaire!

The French for 'good' is bon. You have already met this word when you learned to say 'hello', bonjour, which actually means 'good day'. Here are some other expressions using bon:

bonsoir!   good evening!
bonne nuit!   good night!
bon anniversaire!   happy birthday!
bon appétit!   enjoy your meal!
bonne chance!   good luck!
bon voyage!   have a good journey!

And then, of course, there is the French for a sweet: un bonbon!

C'est bon, n'est-ce pas?

Exercice 1.6

À toi

Bon appétit!

Write down a conversation between two people greeting each other. Try to use as many of the expressions using bon from above as you can. Draw a picture with speech bubbles in French to go with it.

Exercice 1.7

Mots Croisés! (*Crossword Puzzle!*)

(a)   Copy and complete the grid:

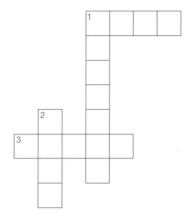

Horizontalement

1   Well

3   Hi!

Verticalement

1   Hello

2   Are you okay?

(b)   Make a crossword of your own, using the following as the answers:

COMMENT	BONJOUR	MADAME
NON	ELLE	VOUS
MOI	MONSIEUR	ET

Exercice 1.8

Travaillez à deux. Appelez-vous A et B.
Work in pairs. Call yourselves A and B.

A: Ask what B's name is.
B: Answer.
B: Say, 'What about you?'
A: Answer.
B: Point to another person and ask if he or she is called Charles.
A: Say 'No, he/she is called ...'

Exercice 1.9

Copie et complète et puis traduis en anglais:
Copy and complete, then translate into English.

1.   Il s'_ _ p_ ll_ Charles.
2.   C_ _ _ e_ _ _ u t'ap _ el_ _ _ ?
3.   _ e _ 'appe_ _ _ ...*
4.   Et _ _ _ ? Co_ _ _ _ _ tu _'_ _ _ _ _ _ _ ?
5.   Elle _'_ _ _ _ _ _ _ co_ _ _ nt?

*Écris ton nom ici.
Write your name here.

Exercice 1.10

Passe le CD pour écouter le passage:

Je m'appelle Sophie Legrand. J'habite à Saintes en France.[1] À l'école j'ai deux amis. Ils s'appellent Jean et Robert. Robert habite à La Rochelle et Jean habite à Nantes. J'ai aussi deux amies qui s'appellent[2] Marie-Claude et Chantal. Elles habitent à Saintes. Et toi? Où habites-tu? Tu habites en Angleterre?

j' habite	I live	ils/elles s'appellent	they (m./f.) are called
à Saintes	in Saintes	il/elle habite	he/she lives
en France	in France	aussi	also
à l'école	at school	ils/elles habitent	they (m./f.) live
j'ai	I have	où	where
deux amis	two friends (m.)	tu habites	you live
deux amies	two friends (f.)	en Angleterre	in England
qui	who		

Notes:

1 **In** (followed by a town or city) = **à**; **In** (followed by most countries) = **en**.

2 Note how we translate a phrase such as 'two friends called Marie-Claude and Chantal' with the full phrase, 'two friends *who are* called Marie-Claude and Chantal'. In the same way, 'a friend called' would be 'a friend *who is* called'.

Copie et complète, et réponds aux questions:
Copy and complete, or answer the questions:

1. Sophie habite à ... .
2. Robert ... à La Rochelle.
3. Sophie a deux amies qui s'appellent ... et Chantal.
4. Sophie a deux amis ... ... Robert et Jean.
5. Marie-Claude habite à ... .
6. Où habitent Jean et Chantal?
7. Qui habite à La Rochelle?
8. Où habites-tu?

Exercice 1.11

Copy the map of France. Use an atlas or the internet to identify the following towns:

e.g.   Avignon = 12

Avignon	Le Havre	Orléans
Bordeaux	Lyon	Paris
Brest	Marseille	Rouen
Calais	Nantes	Toulouse
La Rochelle	Nice	

Les numéros

We shall finish this first chapter by looking at the numbers 1–12:

un(e)	one	sept	seven
deux	two	huit	eight
trois	three	neuf	nine
quatre	four	dix	ten
cinq	five	onze	eleven
six	six	douze	twelve

Notice how the French for 'one' is also the French for 'a' and can be either masculine (un) or feminine (une). We shall learn more about genders in the next chapter.

Exercice 1.12

Passe le CD et regarde les dessins:

Help Monsieur Banane with his weekly order from the boulangerie, as in the example:
e.g.   Huit croissants, s'il vous plaît = Eight croissants, please.

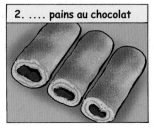

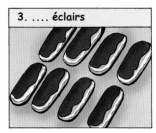

Exercice 1.13

Les mathématiques
Regarde le dessin:

Fill in the missing numbers so that the answer to the sums is always ten.

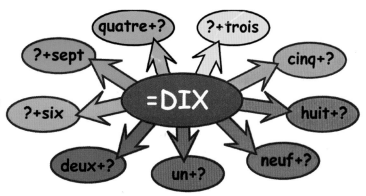

Vive la France!

Robert, l'ami de Sophie, habite à La Rochelle. La Rochelle est un vieux port très important dans l'histoire de la France. C'est aussi une ville touristique et pittoresque.

(a) What can you tell about La Rochelle from the description above? Some of the French words will appear familiar to you because they are similar to English words.

(b) Using the map of France on page 6 as a starting point, make a wall display for your classroom. Choose one of the towns marked on the map, or some other place in France that you have visited, and find out what you can about it. You may find pictures or information on the internet, or you may be able to get some brochures from the French Tourist Board or a travel agent.

La Rochelle

Vocabulaire 1

Apprends ces mots!
Learn these words!

At the end of each chapter you will be given a list of words to learn. You should have met them already, but now is the time to make absolutely sure that you know them properly.

Des mots indispensables de ce chapitre:
Essential words from this chapter:

bonjour	hello	un/une	one (m./f.); a
au revoir	goodbye	deux	two
Monsieur, M.	Sir, Mr	trois	three
Madame, Mme.	Madam, Mrs	quatre	four
oui	yes	cinq	five
non	no	six	six
et	and	sept	seven
moi	me (emphatic)	huit	eight
toi	you (familiar emphatic)	neuf	nine
vous	you (polite emphatic)	dix	ten
		onze	eleven
		douze	twelve

Des phrases utiles:
Useful phrases:

Vive la France! = Long live France!
comment t'appelles-tu? = what is your name? (familiar)
je m'appelle = I'm called
ça va? = how are you?   ça va = I'm okay
ça va bien = I'm well
et toi? = and you? (familiar); et vous? = and you? (polite)
s'il te plaît = please (familiar); s'il vous plaît = please (polite)
merci = thank you
tu habites où? = where do you live? (familiar)
j'habite en Angleterre = I live in England
comment dit-on en français....? = how does one say in French?

N.B. The difference between the familiar and the polite form is an important one in French. In this first vocabulary list we have shown in brackets which form is which, but in later chapters you will need to work this out for yourself.

Bravo!

Tu as fini le chapitre 1!
Well done! You have finished Chapter 1!

In Chapter 2 we look at the classroom and everything in it, and learn more about verbs.

Chapitre 2

La salle de classe

In this chapter you will learn all about the classroom and everything in it. You will find out how to say where things are, and begin to study French verbs. You will also learn more about how the French language works.

la télévision

la trousse

la gomme

la règle

la table

la lampe

l'ordinateur

le lecteur de CDs

le stylo

le crayon

le sac

le cahier

la fenêtre

la carte

le tableau

le livre

la porte

le rétroprojecteur

le professeur (le prof)

la fille (une élève)

le garçon (un élève)

Masculin ou féminin?

You should have noticed that some of the words on page 10 have **le** in front of them, some have **la**. This is because the French for 'the' is le if the word is masculine, la if it is feminine.

e.g. le crayon = the pencil
la porte = the door

Similarly, the French for 'a' is un if the word is masculine, une if it is feminine.

e.g. un stylo = a pen
une règle = a ruler

In English, whenever we use 'he' or 'she', we are generally talking about people or animals. But in French, ALL nouns have a gender, either **masculine** (male) or **feminine** (female).

In a French – English dictionary, they do not usually put le or la or un or une. Instead, the nouns themselves are listed with the letter '*n.*' after them (for nom, or noun), followed by '*m.*' or '*f.*' for masculine or feminine.

e.g. window = fenêtre, *nf*

Qu'est-ce que c'est?

Now that we know so many nouns, it is a good idea to be able to ask what other things are. The best phrase for this is Qu'est-ce que c'est? – which means 'What is this?' or 'What is it?' The answer will probably begin with c'est = 'it is' or ce sont = 'they are'.

e.g. Qu'est-ce que c'est?
C'est une salle de classe.
Ce sont des cahiers.

Un jeu

Je pense à quelque chose.
A game: I am thinking of something.

With a partner, take it in turns to think of one of the items on page 10. Your partner should try to guess what you are thinking of.

e.g. Je pense à quelque chose.
C'est un livre?
Non.
C'est un crayon?
Non.
C'est une règle?
Oui!

Exercice 2.1

Passe le CD pour écouter le dialogue:

M. Duclerc.   Qu'est-ce qu'il y a dans la salle de classe?
Nicolas.   Dans la salle de classe, il y a une télé. Il y a des posters et un ordinateur. Il
   y a aussi une porte et une fenêtre.
Françoise.   Il y a des tables et une carte de France. Il y a beaucoup de livres.
Nicolas.   Qu'est-ce que tu as dans ta trousse?
Françoise.   Dans ma trousse j'ai mes crayons et mon stylo. J'ai aussi une gomme.
Nicolas.   Tu as une règle?
Françoise.   Oui, j'ai aussi une règle.

1.   Describe the classroom in English.
2.   What does Françoise have in her pencil case?
3.   How many French words for 'my' can you find in this passage? Can you work out
     when each is used?
4.   How do you say 'your pencil case'? Can you work out how you would say 'your
     pen' and 'your pencils'?

qu'est-ce que …?	what …?	tu as	you have
qu'est-ce qu'il y a?	what is there?	dans	in
il y a	there is/are	ton/ta/tes	your
des	some	j'ai	I have
beaucoup de	lots of	mon/ma/mes	my

Oh le, la, les!

We have now met the French for 'the', 'a', 'my' and 'your'. All of these words change
their forms, depending on whether the word they are going with is masculine, feminine,
singular or plural. Here is a summary:

	Singular		Plural	
	M	F	M	F
The	le (l')	la (l')	les	les
A/some	un	une	des	des
My	mon	ma	mes	mes
Your	ton	ta	tes	tes

Exemples:

le crayon	la règle	les crayons	les règles
un crayon	une règle	des crayons	des règles
mon crayon	ma règle	mes crayons	mes règles
ton crayon	ta règle	tes crayons	tes règles

Notes:
(i)   l' is used instead of le or la before a vowel.
      e.g. l'ami = the friend.
      e.g. l'élève = the pupil.

(ii)   The plural of 'a' is 'some'.
       e.g. des crayons = some pencils.

(iii) The 's' at the end of French words is not usually pronounced, except as a link
       before   a word beginning with a vowel or silent 'h'.
       e.g. les_amis = the friends (the 's' of les is pronounced; the 's' of amis is not.)
       e.g. les_hôtels = the hotels.

(iv)   Mon and ton are used with feminine nouns (rather than ma and ta) if these begin
       with a vowel or silent 'h'.
       e.g. mon amie = my (girl) friend.
       e.g. ton histoire = your story.

Exercice 2.2

Copie et complète avec le mot correct pour 'the':
Copy and complete with the correct word for 'the':
We have given clues in brackets for the first five; after that, you're on your own!

1.   ... livre (m.)   6.   ... sac
2.   ... trousse (f.)   7.   ... gomme
3.   ... table (f.)   8.   ... stylos
4.   ... fenêtres (pl.)   9.   ... règles
5.   ... école (f.) (*beware the vowel*)   10.   ... ordinateur

Exercice 2.3

Copie et complète avec le mot correct pour 'your':
Copy and complete with the correct word for 'your':
Once again, after the first five, you're on your own!

1.   ... crayon (m.)   6.   ... lecteur de CDs
2.   ... ami (m.)   7.   ... livre
3.   ... amie (f.)   8.   ... trousse
4.   ... cartes (pl.)   9.   ... cahiers
5.   ... profs (pl.)   10.   ... gomme

Exercice 2.4

Écris en français:
Write in French:

1.   My book   6.   My pen
2.   My teacher   7.   An OHP
3.   The doors   8.   My class
4.   My map   9.   Some girls
5.   My pencil case   10.   Some boys

Exercice 2.5

Passe le CD pour écouter le dialogue:

Pierre.   Regarde! C'est ma salle de classe.
Sophie.   Dans ta salle de classe, il y a un tableau blanc?
Pierre.   Oui, il y a aussi un rétroprojecteur.
Anne-Marie.   Salut, Pierre. Salut, Sophie.
Pierre.   Bonjour, Anne-Marie.
Anne-Marie.   Qu'est-ce qu'il y a dans ta salle de classe?
Pierre.   Il y a des tables et des chaises.
Sophie.   Il y a aussi des étagères et beaucoup de livres …
Pierre.   … et des cahiers.
Sophie.   Tu as ta trousse, Anne-Marie?
Anne-Marie.   Oui, j'ai ma trousse.
Pierre.   Qu'est-ce que tu as dans ta trousse?
Anne-Marie.   J'ai … un stylo, trois crayons, une gomme,
        une règle et une calculatrice.
Sophie.   Tu as une calculatrice?
Anne-Marie.   Oui! Voici ma calculatrice!
Sophie.   Et toi, Pierre, tu as une calculatrice?
Pierre.   Non. Mais j'ai la calculatrice de mon père.
Sophie.   C'est la calculatrice de ton père? Il est content?
Pierre.   Non!

Mais c'est ma calculatrice!

regarde	look (at)
le tableau blanc	the white board
une étagère	a shelf
voici	here is
la chaise	the chair
la calculatrice	the calculator
mais	but
c'est	it is
content(e)	happy

1.   What is in Pierre's classroom?
2.   What is in Anne-Marie's pencil case?
3.   What do we learn about Pierre's calculator?

Exercice 2.6

À toi. Avec ton partenaire, prépare quelques questions et réponses comme dans l'exemple:

e.g.   Où est ton stylo?
        Voici mon stylo.

quelques	some, a few
une response	an answer

De, du, des

The French for 'of' is de. Notice that there is no apostrophe 's' as there is in English, so the only way to say *Sophie's pencil case* is to change it into *the pencil case of Sophie*: la trousse de Sophie.

When de is followed by le, it becomes du. When de is followed by les, it becomes des.

e.g.   La trousse **du** garçon.   The boy's pencil case.
       La classe **des** élèves.   The pupils' classroom.

There is no such change before la or l':

e.g.   La trousse **de la** fille.   The girl's pencil case.
       La classe **de l'**élève.   The pupil's classroom.

Exercice 2.7

Écris en français:

1.   Pierre's book
2.   Sophie's pencil case
3.   Chantal's calculator
4.   The boy's computer
5.   The girl's bag
6.   The pupil's teacher
7.   The boy's friend
8.   The girls' friend
9.   A friend of the teacher
10. The teacher's pupils

11.   Bernard's pens
12.   Nicolas's ruler
13.   David's exercise books
14.   Anne-Marie's calculator
15.   The pupils' classroom
16.   The teacher's map
17.   The girl's friends
18.   The door of the classroom
19.   Pierre's rubber
20.   The teacher's chair

Les verbes: avoir

Verbs are mostly 'doing' words, but they also show people 'having', 'being', 'thinking', and so on. They are always set out in the same order. This is avoir which means 'to have':

avoir = to have				
	Singular		**Plural**	
1st person	j'ai	I have	nous avons	we have
2nd person	tu as	you have	vous avez	you have
3rd person (m.)	il a	he has	ils ont	they have (m.)
3rd person (f.)	elle a	she has	elles ont	they have (f.)

On, followed by a 3rd person singular verb, is an alternative to the nous form. It is used a great deal in French, much more than the word 'one' in English.

e.g. On a beaucoup de livres. = We have lots of books (literally: one has lots of books).

Note that the word je (= I) becomes j' before a vowel or 'h'. Note also that it only begins with a capital letter if it begins a sentence.

Learn the order in which these verb forms go, in both English and French. It will save so much time later, as **all** verbs are set out in this order.

Exercice 2.8

Passe le CD, regarde les dessins et complète les phrases, comme dans l'exemple:

e.g. Tu as un stylo? Oui, j'ai un stylo.

Exercice 2.9

Copie et complète avec la forme correcte du verbe 'avoir':
Copy and complete with the correct form of the verb 'avoir':

1. J'... un cahier.
2. Tu ... un livre.
3. Nous ... des crayons.
4. Vous ... des trousses.
5. Tu ... les cahiers de Chantal?
6. Paul et Marc ... les stylos de Jean.
7. On ... une règle?
8. Elle ... ta trousse.
9. Mon ami ... une gomme.
10. Oui, il ... des cartes.

L'infinitif

If you need to look up a verb in the vocabulary or a dictionary, you will always find it given in the **infinitive** form. The infinitive of avoir means 'to have'. French verbs always have an infinitive which ends in **-er**, **-ir**, or **-re**. When you learn a new verb, this is the form you should learn first, and is the form by which you refer to it; it is, in a way, the verb's name.

> Learning verbs properly is essential! It makes the difference between really understanding the language and only having a vague idea about it!

Les verbes: être

Un verbe très important!

To talk about who, what or where things or people *are*, we use the verb être = to be:

être = to be

je suis	I am	nous sommes	we are
tu es	you are	vous êtes	you are
il est	he is/it is	ils sont	they (m.) are
elle est	she is/it is	elles sont	they (f.) are

La rentrée

The start of a new school year (la rentrée) can be a confusing time for teachers ...
Study the following and see how the various forms of the verb être are used:

* Note fou = mad, crazy

Exercice 2.10

Copie et complète avec la forme correcte du verbe 'être':

1. Je .... Nicolas.
2. Il .... dans la classe.
3. Vous .... dans ma classe?
4. Nous .... dans la classe.
5. Les filles .... dans la classe.
6. Le prof .... fou!
7. Où .... ma règle?
8. Elle* .... dans ta trousse!
9. Mon stylo .... dans mon sac?
10. Oui, il* .... dans ton sac.

* Note that in French, the word for 'it' is **il** when referring to a masculine noun, **elle** when referring to a feminine one.

Exercice 2.11

Passe le CD pour écouter le dialogue:

Charles. Jean-Paul, tu as mon cahier de géographie, s'il te plaît?

Jean-Paul. Non. Il est dans ton sac.

Charles. Ah, oui. Merci.

Delphine. Catherine, où est ton stylo?

Catherine. Mon stylo rouge? Il est sous ma trousse, sur le pupitre, à côté de ma règle.

Frédéric. Où sont les livres de maths, s'il vous plaît, Monsieur?

Prof. Entre le dictionnaire et la radio.

Frédéric. Merci, Monsieur.

Prof. Charles, où est ton ballon?

Charles. Il est derrière mon sac.

Prof. Et ton sac?

Charles. Mon sac est dans le placard, devant mes cahiers.

Prof. Et tes devoirs? Où sont tes devoirs?

Charles. Oh, zut! Ils sont dans la poubelle!

où?	where?	le ballon	the ball
rouge	red	derrière	behind
sous	under	le placard	the cupboard
sur	on/on top of	devant	in front of
le pupitre	the desk	les devoirs	the homework
à côté de	beside/next to	zut!	bother!
entre	between	la poubelle	the wastepaper bin

À toi. Regarde le dessin. Avec ton partenaire, prépare quelques questions et réponses, comme dans les exemples:

Où est la trousse, s'il te plaît?
Elle est sur le pupitre.

Où est le sac, s'il te plaît?
Il est sous la table.

Exercice 2.12

Passe le CD pour écouter le dialogue et puis fais les exercices ci-dessous:
Play the CD to hear the dialogue and then do the exercises below:

Prof.	Bonjour, Marc. Tu as ta trousse?
Marc.	Bonjour, Monsieur. Oui, j'ai ma trousse ici. J'ai aussi mon livre de français et mon cahier de maths.
Prof.	Qu'est-ce que tu as dans ta trousse?
Marc.	J'ai cinq crayons et deux stylos, ma règle, ma calculatrice et une gomme.
Prof.	Tu as deux stylos?
Marc.	Oui. J'ai mon stylo et le stylo de Pierre.
Prof.	Ah. Le stylo de Pierre est rouge?
Marc.	Oui, Monsieur, il est rouge.

1. Copie et complète avec les mots de la case:
   Copy and complete with the words from the box:

   (a) Marc .... deux stylos.
   (b) Le .... dit[1], «Bonjour, Marc.»
   (c) Marc répond[2], «......... , Monsieur.»
   (d) .... stylo de Pierre .... rouge.
   (e) Marc dit, «J'ai cinq .... deux ....»

a	*Bonjour*	*crayons*	*est*
prof	*et*	*stylos*	*le*

N.B. 1 dit = (he/she) says
     2 répond = (he/she) answers

2. Vrai ou faux?

   (a) Le garçon s'appelle Philippe.
   (b) Le professeur s'appelle Monsieur Laclos.
   (c) Il y a deux stylos dans la trousse de Marc.
   (d) Le stylo de Marc est rouge.
   (e) Marc a trois livres.

3. Fais correspondre les deux moitiés des phrases:
   Match up the two sentence halves:

   Exemple: (a) + (v): Le stylo de Pierre est rouge. = Pierre's pen is red.

(a)	Le stylo de Pierre est	(i)	livre de français.
(b)	Marc a deux	(ii)	s'appelle Marc.
(c)	Le garçon	(iii)	«Bonjour, Monsieur.»
(d)	Marc a un	(iv)	stylos dans sa trousse.
(e)	Il répond:	(v)	rouge.

Exercice 2.13

Traduis en anglais:

1. Marc est dans la salle de classe de Pierre.
2. Il a une trousse. Dans la trousse il y a des stylos et des crayons.
3. La règle de Sophie est dans la trousse d'Anne-Marie.
4. La calculatrice de Bernard est rouge.
5. Le garçon dans la salle de classe s'appelle Pierre.

Quel âge as-tu?

In French, when we say how old we are, we use avoir (to have) rather than être (to be).

e.g. Quel âge as-tu? = How old are you? (literally: what age have you?)
J'ai onze ans. = I am eleven (literally: I have eleven years).
Et le bébé? = And the baby?
Il a un an. = He is one year old.

Exercice 2.14

À toi! Réponds pour chaque dessin: quel âge as-tu?

Exercice 2.15

Copie et complète avec la bonne forme du verbe 'avoir' ou 'être':
Copy and complete with the right form of the verb 'avoir' or 'être':

1. J'... une trousse.
2. Tu ... dix ans, Tiffany?
3. Monsieur Béchet ... devant la classe.
4. Tu ... un stylo?
5. Je suis Nicolas, et j'... onze ans.
6. J'... trois crayons.
7. Alors, Charles et moi, nous ... douze ans.
8. Les élèves dans la salle de classe ... des livres.
9. Philippe ... un ami de Charles.
10. Nicolas ... une amie qui s'appelle Chantal.
11. Nous ... beaucoup d'amis à l'école.
12. Où ... mes cahiers?
13. Vous ... deux gommes?
14. Les étagères ... derrière la porte.
15. Le livre de Charles ... devant la télévision.
16. Tes crayons ... entre les cahiers et la radio.

Exercice 2.16

Déchiffre ces mots brouillés!
Decode these jumbled-up words!

These are all items or people you will find in the classroom:

SLOTY	MOGEM	AERTC	EORPT
ÇROGNA	LELFI	EUROSPREFS	CLARELACCITU

Dans ma salle de classe...

So as we approach the end of this second chapter, let's see how good your memory is. Take it in turns to think of an item that you might have in your classroom. The list should get longer and longer, as in the example:

e.g.   Dans ma salle de classe, il y a un stylo.

Dans ma salle de classe, il y a un stylo et des crayons.

Dans ma salle de classe, il y a un stylo, des crayons et un ordinateur.

If you make a mistake, you're out. The winner is the one who can repeat the list without making any mistakes and without leaving anything out.

Vive la France!

L'industrie automobile est très importante en France. Les trois marques principales sont Citroën, Renault et Peugeot. Voici une Citroën 2CV de 1950. C'est une voiture célèbre.

(a)   Write in English as much as you can understand from the passage above.

(b)   Copie et complète:
En France, l'industrie automobile est … …
Citroën, Renault et Peugeot sont les … principales.
La 2CV ('Deux Chevaux') est une … …

(c)   Trouve l'intrus: (*Find the odd one out*:)
l'enfant
l'élève
la voiture
le prof
la fille

Vocabulaire 2

Apprends le vocabulaire!

Tip! Learn only a few words at a time, before going on.

Des mots indispensables de ce chapitre:

un ami	a (boy) friend	une amie	a (girl) friend
le cahier	the exercise book	la carte	the card/map
le crayon	the pencil	la chaise	the chair
l'enfant	the child	la fenêtre	the window
le garçon	the boy	la fille	the girl
le livre	the book	la gomme	the eraser, rubber
le prof	the teacher	la porte	the door
le stylo	the pen	la règle	the ruler
le tableau	the board	la table	the table
aussi	also	devant	in front of
à côté de	beside/next to	entre	between
dans	in	sous	under
derrière	behind	sur	on, on top of

Des phrases utiles:

beaucoup de = lots of
excuse-moi/excusez-moi = excuse me
Il y a = there is, there are
où est? = where is?
quel âge as-tu? = how old are you?
j'ai *x* ans = I am *x* years old

Des verbes indispensables:

avoir = to have
être = to be

Bravo!

Tu as fini le chapitre 2!

In the next chapter you will learn to describe your home and what you might have for breakfast in France.

Chapitre 3

Chez nous

In this chapter you will learn how to talk and write about your home and about a typical French breakfast. You will also learn much more about verbs and how they work. So we begin **chez nous** (at our house):

Exercice 3.1

Passe le CD et réponds aux questions:

Voici Georges.

Voici Martine.

Georges est dans la salle de bains.

Martine est dans sa chambre.

Mmmm, le petit déjeuner!

Maman. Georges! Tu es dans la salle de bains?

Georges. Non, maman. J'arrive.

Maman. Martine! Tu es dans ta chambre?

Martine. Non, maman, j'arrive tout de suite! Tu manges déjà, papa?

Papa. Oui, Martine. Je mange le petit déjeuner.

Georges et Martine sont dans la cuisine. Maman prépare le petit déjeuner. Papa regarde le journal. Georges mange une tartine avec son thé et Martine mange un croissant avec son chocolat. Ils mangent le petit déjeuner. Martine aime les croissants; ils sont délicieux! Georges adore les tartines; elles sont délicieuses!

voici	here is	préparer	to prepare
la salle de bains	the bathroom	regarder	to look at
la chambre	the bedroom	le journal	the newspaper
le petit déjeuner	the breakfast	une tartine	a tartine*
j'arrive	I am on my way!	avec	with
tout de suite	right away	le thé	the tea
manger	to eat	le chocolat	chocolate
déjà	already	aimer	to like
adorer	to love	le croissant	the croissant
le café	the coffee	délicieux	delicious
la cuisine	the kitchen		

* A tartine is a slice of bread with jam or chocolate spread.

Corrige ces phrases:

1. Georges adore les croissants.
2. Martine mange une tartine.
3. Papa prépare le petit déjeuner.
4. Ils mangent dans la salle de bains.
5. Maman regarde le journal.

Les verbes du premier groupe: ER

So far, you have met two rather difficult irregular verbs, avoir and être. Now we are going to see how some **regular** verbs work. In the story we have just read we met the following ER verbs:

j'**arrive**	tu **manges**	maman **prépare**	Papa **regarde**
Georges **mange**	Martine **aime**	ils **mangent**	

All these verb forms follow the same pattern, and we call them ER verbes because their infinitives end in –er. We can set these out as follows, using as our example the verb regarder:

regarder = to watch / look at

Singular	**Plural**
je regarde	nous regardons
tu regardes	vous regardez
il regarde	ils regardent
elle regarde	elles regardent

The good news is that you only need to learn one set of endings to be able to use hundreds (yes, hundreds!) of verbs. To use an ER verb, you simply take off the -er from the infinitive, leaving the **stem**, and add the correct **ending** (shown above in red).

NOTE that je regarde means both 'I watch' and 'I am watching'. Remember, too, that je becomes j' in front of a vowel or silent 'h'.

e.g.   J'écoute, j'habite etc.

Exercice 3.2

Write out in full, as we have done with regarder above, any five of the following verbs:

1.	arriver = to arrive	4.	habiter = to live	7.	parler = to speak
2.	chanter = to sing	5.	donner = to give	8.	écouter = to listen (to)
3.	jouer = to play	6.	aimer = to like	9.	manger* = to eat

*Notice that with verbs in '-ger', 'e' is added to the stem before the '-ons' ending, (e.g. nous mangeons). This is because a G in French is 'soft' (as in 'colla**ge**') when followed by E or I, but 'hard' (as in '**go**al') when followed by A, O or U.

Exercice 3.3

Copie et complète et puis traduis en anglais:

e.g. Je parl... → Je parle. = I speak or I am speaking.

1.	Elle jou...	6.	Tu habit...	11.	Il regard...
2.	Nous chant...	7.	Charles ador...	12.	Vous écout...
3.	Je donn...	8.	Martine mang...	13.	J'aim...
4.	Madame arriv...	9.	Nous habit...	14.	Nous mang...
5.	J'écout...	10.	Elles jou...	15.	Ils donn...

Exercice 3.4

Traduis en français:

1. I like
2. You (sing.) are eating
3. He is singing
4. She arrives
5. We are eating
6. You (pl.) love
7. They (m.) live
8. They (f.) are watching
9. We give (using on for 'we')
10. She lives

Exercice 3.5

À toi. Regarde les dessins et réponds, comme dans l'exemple:

e.g. Tu manges? Non, je chante.

Exercice 3.6

1. Déniche les verbes du premier groupe!
   Unearth the 1st group (ER) verbs!

   chiendonnerthécaféchocolatmangerc
   hatmaisonchantergarderclasseaimerc
   ahiertroussecartableêtrelaverpassert
   artinetartineradorertélévisionécouterradio

2. Écris chacun des verbes de la question 1 comme dans l'exemple:
   Write each of the verbs in question 1 as in the example:

   For example, if regarder appeared in the list, you would write:

je regarde	nous regardons
tu regardes	vous regardez
il regarde	ils regardent
elle regarde	elles regardent

To and at

The French for both 'to' and 'at' is **à** (be sure to note the accent):
e.g.   Elle donne une tartine **à** Robert. = She gives a slice of bread **to** Robert.

Elle arrive **à** la salle de classe. = She arrives **at** the classroom.
However, some French verbs already contain the meaning 'to' or 'at', and with these verbs the word à should not be used:
e.g.   Tu écoutes la radio? = Are you listening **to** the radio?
Nous regardons la télévision. = We are looking **at** (watching) the television.

Tu écoutes la radio?

Exercice 3.7

Lis le passage et réponds aux questions:

Maman adore chanter, et elle écoute souvent la radio. Pendant que Georges et Martine mangent des tartines, maman écoute la radio et elle chante.
«Le café est très bon, dit papa. Il y a encore du café?
— Oui, chéri, dit maman. Tu donnes ton bol.
— Merci,» dit papa.
Il donne son bol à maman. Sur la table avec la cafetière il y a quatre bols et du jus d'orange. Il y a des assiettes, des couteaux, des fourchettes, quatre verres et des cuillers. Il y a aussi du beurre et de la confiture. Le bol de papa est bleu. Sur le bol de Martine il y a son nom – Martine.

souvent	often	une assiette	a plate
pendant que	while	le couteau	the knife
il/elle dit	he/she says	la fourchette	the fork
encore	more (of)	le verre	the glass
chéri	my dear	la cuiller/cuillère	the spoon
le bol	the bowl	le beurre	the butter
la cafetière	the coffee pot	la confiture	the jam
le jus d'orange	the orange juice	le nom	the name

N.B. Notice the way speech is often punctuated in French, using triangular speech marks («) at the beginning of a conversation, a dash (—) for the new speakers on each line, and triangular speech marks (») at the end of the conversation.

1.   What is Mum doing while she listens to the radio?
2.   What are Martine and Georges doing?
3.   What does Dad think of the coffee today?
4.   What is on the table apart from the coffee pot?
5.   What is on Martine's bowl?

Exercice 3.8

À toi. Choisis ton petit déjeuner!

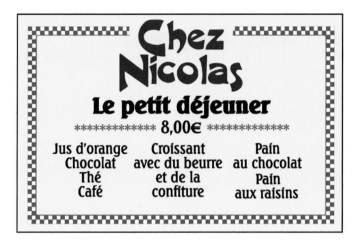

Chez Nicolas

Le petit déjeuner

*************** 8,00€ ***************

Jus d'orange	Croissant	Pain
Chocolat	avec du beurre	au chocolat
Thé	et de la	Pain
Café	confiture	aux raisins

Aimer et adorer

Notice how we use the infinitive of a verb after verbs such as **aimer** and **adorer**.

e.g. Maman adore chanter. = Mum loves to sing (Mum loves singing).

Chantal aime écouter la radio.

Nicolas adore regarder la télé.

Martine aime chanter.

Nicolas et Robert adorent manger!

À toi. What do *you* like to do?

Mon, ton, son

The words for 'his' and 'her' (son) fit into the same pattern as those for 'my' (mon) and 'your' (ton). Here they all are together:

Masc.	Fem.	Pl.	
mon	ma	mes	my
ton	ta	tes	your
son	sa	ses	his/her/its/one's

The really tricky thing about all these words is that they have to go into the same gender as the nouns they are describing.

e.g.   J'aime **ta** maison, Nicolas. = I like **your** house, Nicolas.
(ta because maison is feminine)

Martine cherche **son** stylo. = Martine is looking for **her** pen.
(son because stylo is masculine)

Note, however, that if the noun is feminine singular and begins with a vowel, the masculine form (mon, ton, son) is used:

e.g.   Mon école. = My school (feminine)   Son amie. = His/her girl friend

Finally, remember that son, sa and ses all mean his or her:

e.g.   Nicolas aime **son** professeur. = Nicolas likes **his** teacher.
Marie aime **son** professeur. = Marie likes **her** teacher.

Voici et voilà

Voici and voilà are used when showing something to someone, or when pointing something out: **voici** = 'here is' and **voilà** = 'there is'. If, however, you want to say, 'There is a dog in the house', you are just giving information, so you use **il y a**. e.g. il y a un chien dans la maison.

Voici mon chien.

Voilà mon chat.

Exercice 3.9

Écris en français:

1. Here is her house.
2. There is his house.
3. Where is your house?
4. I like her parents.
5. There is a book in her bag.
6. There is a dog in his house.
7. There are twelve pupils in his class.
8. There are my parents!
9. Here is his cat.
10. Here is my friend. She is in my class.

Voici ma maison!

French homes are similar to British ones, except for a few details: the windows are usually protected by shutters (les volets), very often the ground floor is above a cellar (which, in a modern house, includes a garage), and most of the floors are boarded or tiled, rather than carpeted.

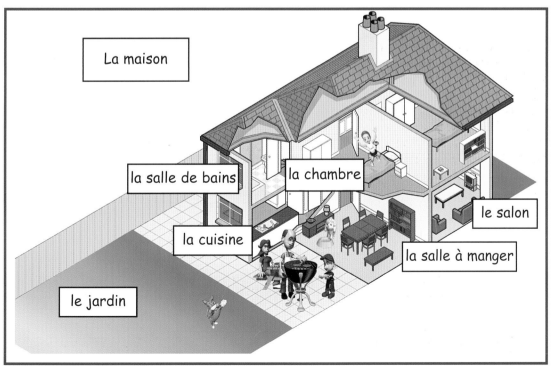

La maison

la salle de bains

la chambre

le salon

la cuisine

la salle à manger

le jardin

Exercice 3.10

Passe le CD pour écouter le dialogue:

Peter, un ami anglais, arrive chez Martine et Georges:

Martine. Bonjour, Peter!
Peter. Bonjour!
Martine. On visite la maison?
Peter. Oui!
Martine. Bon. Ici, on est dans l'entrée. Au rez-de-chaussée nous avons trois pièces. Devant nous, il y a la cuisine. À gauche, il y a le salon et à droite, la salle à manger. À l'étage, il y a quatre chambres. On monte?
Peter. Oui. Mais où est la salle de bains?
Martine. Voici la salle de bains, entre ma chambre et la chambre de mes parents.

visiter	to visit, look around	à gauche	to the left
l'entrée (*f.*)	the hall	à droite	to the right
au rez-de-chaussée	on the ground floor	à l'étage	upstairs
la pièce	the room	monter	to go up

1. Listen to the dialogue and then match the following rooms to the numbers on the plan:

   e.g. l'entrée = **4**

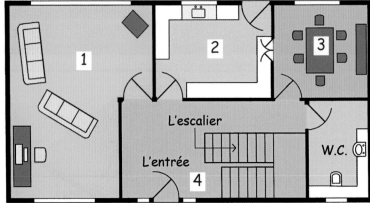

(a) Le salon
(b) La salle de bains
(c) La salle à manger
(d) La chambre des parents
(e) La cuisine

2. Fais une petite description de ta maison.

Exercice 3.11

Fais correspondre les deux moitiés des phrases:

1.	Martine arrive et	(a)	il y a un chien et un chat.
2.	Dans la maison	(b)	de mes parents.
3.	Voici une photo	(c)	et douze crayons.
4.	Le cahier de Sophie	(d)	mange le petit déjeuner.
5.	Il y a trois livres	(e)	est sur la table.

Exercice 3.12

Corrige les erreurs et puis traduis les phrases en anglais:
Correct the mistakes and then translate the sentences into English:

1. Paul mangent le petit déjeuner. ✗
2. Maman et Charles arrivez dans la salle à manger. ✗
3. Sophie sont dans la salle de bains. ✗
4. Paul et Georges regarde la télévision. ✗
5. Marie-Claire, tu écoute la radio? ✗

Exercice 3.13

Fais correspondre l'anglais et le français:

1.	la cuisine	(a)	the dining room
2.	la salle de bains	(b)	the classroom
3.	la salle à manger	(c)	the kitchen
4.	la salle de classe	(d)	the bathroom

Exercice 3.14

1. Fais des mots croisés avec les mots suivants:
   Create a crossword with the following words:

   You will be glad to note that you do not use accents in a crossword!

CHIEN	CHAT	MAMAN	CUISINE	MAISON
TARTINE	RADIO	VOLET	CAFE	THE

Exercice 3.15

2. Remplis les trous:
   Fill in the blank spaces:

   (a) ... regardons la télévision.
   (b) ... écoutes la radio?
   (c) ... chantent à la chapelle.
   (d) ... adorez les croissants, n'est-ce pas?
   (e) ... m'appelle Monsieur Banane.

N'est-ce pas?

The phrase n'est-ce pas? which we met briefly in Chapter 1, means something like, 'isn't that so?' or 'don't you agree?' It is extremely useful, because you do not have to worry about all the different things to put at the end of a question, as we do in English:

She is English, **isn't she**?   Elle est anglaise, **n'est-ce pas**?
They watch T.V., **don't they**?   Ils regardent la télé, **n'est-ce pas**?
We are the champions, **aren't we**?   Nous sommes les champions, **n'est-ce pas**?

Vive la France!

En France on mange beaucoup de pain. À la boulangerie il y a toutes sortes de pain: des baguettes, des boules, des flûtes, des pains de campagne. Il y a aussi des croissants! Mmm, délicieux!

(a)   Write in English what you can understand from the passage above.

(b)   Match up the beginnings and ends of the words:
        BOULA   SANT
        BAGU   NGERIE
        DÉLI   ETTE
        CROIS   CIEUX

(c)   Vrai ou faux?
        En France on mange le pain dans la salle de bains.
        À la boulangerie il y a toutes sortes de crayons.
        Maman écoute un croissant et mange la radio.

(d)   Corrige!

        Write correct sentences for the statements that are wrong in (c) above.

Vocabulaire 3

Des mots indispensables de ce chapitre:

la chambre	the bedroom	le beurre	the butter
la cuisine	the kitchen	le café	the coffee
le jardin	the garden	le chocolat	the chocolate
la maison	the house	la confiture	the jam
la pièce	the room	le croissant	the croissant
la salle à manger	the dining room	le pain	the bread
la salle de bains	the bathroom	le petit déjeuner	the breakfast
le salon	the sitting room	le thé	the tea

Des verbes indispensables:

aimer	to like
arriver	to arrive
donner	to give
écouter	to listen to
manger	to eat

Des phrases utiles:

à droite	to the right
à gauche	to the left
n'est-ce pas?	isn't that so?
voici	here is/are
voilà	there is/are

Bravo!

Tu as fini le chapitre 3!

In the next chapter, you will find out how to tell the time in French.

Chapitre 4

La routine

In this chapter you will learn how we tell the time in French, and how to say when you do certain things every day. So, let us join Georges and Martine again as they get up in the morning:

Georges se réveille à
sept heures.

Martine se lève à
sept heures et quart.

Martine s'habille à
sept heures vingt.

Georges se lave à
sept heures et demie.

Martine et Georges descendent
à huit heures moins le quart.

Il est huit heures.
C'est l'heure du petit déjeuner

Les verbes pronominaux

Now that we are looking at daily routine, we need to explain how **reflexive verbs** (les verbes pronominaux) work. A reflexive verb tells of an action which a person does to himself or herself, using reflexive pronouns for 'myself', 'yourself', 'himself' etc. We met our first reflexive verb when we learnt to say je m'appelle (I call myself). In the passage at the beginning of this chapter we met a few more:

il se réveille = he wakes (himself) up	*from*	se réveiller	to wake (oneself) up
elle se lève = she gets (herself) up	*from*	se lever	to get (oneself) up
il se lave = he washes (himself)	*from*	se laver	to wash (oneself)
elle s'habille = she dresses (herself)	*from*	s'habiller	to get (oneself) dressed

Here is the verb se laver, set out in full; the reflexive pronouns are shown in red:

se laver = to wash (oneself)

je me lave	I wash	nous nous lavons	we wash
tu te laves	you wash	vous vous lavez	you (pl.) wash
il se lave	he washes	ils se lavent	they (m.) wash
elle se lave	she washes	elles se lavent	they (f.) wash

Exercice 4.1

Écris en anglais:

1. Elle se lève.
2. Je me lave.
3. Vous vous réveillez.
4. Nous nous habillons.
5. Tu te réveilles.
6. Ils se réveillent.
7. Nous nous levons.
8. Tu te laves.
9. Elles se lèvent.
10. Vous vous lavez.

Exercice 4.2

Écris en français:

1. She wakes up.
2. You (sing.) get dressed.
3. I wash myself.
4. You (pl.) wash yourselves.
5. You (sing.) wake up.
6. Martine washes herself.
7. She gets up.
8. We wake up.
9. They wake up.
10. He gets dressed.

Notice that me becomes m', te becomes t' and se becomes s' when these come before a vowel or a silent 'h'.

e.g.   Je m'habille, tu t'habilles, il s'habille.

Notice that in the verb se lever, the forms where the ending is not pronounced (i.e. je, tu, il/elle and ils/elles), receive a grave accent.

Je me lève	tu te lèves	il se lève	elle se lève
nous nous levons	vous vous levez	ils se lèvent	elles se lèvent

The same thing happens with several other verbs, for example se promener = to go for a walk.

Quelle heure est-il?

Telling the time in French is easy. We use il est for 'it is', and then heure or heures for the time.

Thus il est une heure (It is 1 o'clock), il est deux heures (It is 2 o'clock), il est trois heures (It is 3 o'clock) etc. For 'quarter past' we use et quart, for 'half past' we use et demie* and for 'quarter to' we use moins le quart.

Il est sept heures.

Il est neuf heures et quart.

Il est onze heures et demie.

Il est midi.

Il est cinq heures moins le quart.

Il est minuit.

* In the case of midi and minuit (which are masculine) we use et demi.

Smaller divisions of the clock, such as five past, ten past etc. are simple:

> Il est onze heures cinq = It is five past eleven (11.05).
> Il est huit heures vingt-cinq = It is twenty-five past eight (8.25).
> Il est neuf heures moins vingt-cinq = It is twenty-five to nine (8.35).

The French do not use the letters a.m. and p.m. as we do. Instead they use du matin (in the morning), de l'après-midi (in the afternoon) and du soir (in the evening). They also use the 24-hour clock (les vingt-quatre heures) much more often than we do in English. So don't be surprised to hear that your lunch will not be served until 14 h (quatorze heures – i.e. 2 p.m.).

So now we need to learn some more numbers:

1.00 p.m.	13 h 00	treize heures
2.00 p.m.	14 h 00	quatorze heures
3.00 p.m.	15 h 00	quinze heures
4.00 p.m.	16 h 00	seize heures
5.00 p.m.	17 h 00	dix-sept heures
6.00 p.m.	18 h 00	dix-huit heures
7.00 p.m.	19 h 00	dix-neuf heures
8.00 p.m.	20 h 00	vingt heures
9.00 p.m.	21 h 00	vingt et une heures
10.00 p.m.	22 h 00	vingt-deux heures
11.00 p.m.	23 h 00	vingt-trois heures

Exercice 4.3

1. Écris ces heures en français comme dans l'exemple:
    e.g.   7.30 = sept heures et demie

    (a)   8.30
    (b)   4.50
    (c)   3.15
    (d)   9.30

    (e)   12.00 noon
    (f)   12.00 midnight
    (g)   7.15
    (h)   5.45

2. Écris ces heures en français, avec du matin, de l'après-midi et du soir, comme dans l'exemple:
    e.g.   21 h = neuf heures du soir

    (a)   22 h
    (b)   15 h
    (c)   10 h 30
    (d)   14 h 10

    (e)   18 h 15
    (f)   07 h 20
    (g)   05 h 15
    (h)   19 h 25

3. Maintenant, à toi. Regarde les pendules et demande à ton partenaire: quelle heure est-il?

    (a)

    (b)

    (c)

    (d)

    (e)

    (f)

Exercice 4.4

Passe le CD pour écouter le dialogue et puis traduis en anglais:

Martine.   Salut, papa!
Papa.   Bonjour, Martine! Bonjour, Georges!
Georges.   Bonjour, papa! Bonjour, maman! Ça va?
Maman.   Ça va, chéri. Quelle heure est-il, s'il te plaît?
Georges.   Je ne sais pas.
Maman.   Martine, il est quelle heure?
Martine.   Il est ... huit heures cinq.
Papa.   Huit heures cinq? Alors, au revoir!
Maman.   Tu ne manges pas ta tartine?
Papa.   Ah non! Je suis en retard!

je ne sais pas	I don't know
alors	well then
en retard	late

Vive la différence!

Lunch (le déjeuner) is considered by many French people to be the most important meal of the day. Shops generally close from noon until 2.00 p.m. and schools have a long lunch break. Pupils may eat in the school canteen but often they go home for lunch.

Exercice 4.5

1. Réponds pour toi:

    (a) Tu te lèves à quelle heure?
    (b) Tu manges le petit déjeuner à quelle heure?
    (c) Tu arrives à l'école à quelle heure?
    (d) Tu manges le déjeuner à quelle heure?
    (e) Tu quittes* l'école à quelle heure?   (* quitter = to leave)

2. Probable ou improbable?

    (a) Je mange le déjeuner à sept heures et demie.
    (b) J'arrive à l'école à midi vingt.
    (c) Je regarde un film à la télé à vingt heures.
    (d) Sophie quitte la maison à trois heures du matin.
    (e) À neuf heures, j'ai maths.

Les verbes: faire

Faire is probably the most versatile verb in the French language, because you can use it in so many different ways. It can mean 'to do' or 'to make':

faire = to do/to make	
je fais	nous faisons
tu fais	vous faites
il fait	ils font
elle fait	elles font

e.g. Nicolas fait son lit.
        = Nicolas makes his bed.

The verb **faire** is used for *doing* a range of activities:

faire la cuisine	to do the cooking
faire la vaisselle	to do the washing-up
faire la lessive	to do the (clothes) washing
faire le ménage	to do the housework
faire ses devoirs	to do one's homework

It is also used where we, in English, use the verb 'to go':

faire du ski	to go skiing
faire du cheval	to go horse-riding
faire des courses	to go shopping
faire une promenade	to go for a walk

Exercice 4.6

Passe le CD pour écouter le dialogue:

Paul. Alors, Jacques. Qu'est-ce que tu fais à la maison?
Jacques. À la maison?
Paul. Oui, pour aider tes parents?
Jacques. Et bien, aujourd'hui je range ma chambre, je fais mon lit, je fais le ménage ... et je fais la vaisselle.
Paul. Tous les jours?
Jacques. Oui, tous les jours! Ben ... quelquefois. Ben ... non!

aider	to help	ben ...	um/well ...
ranger	to tidy	tous les jours	every day
aujourd'hui	today	quelquefois	sometimes

1. What does Jacques do at home to help his parents?
2. How often does he do these things?

Exercice 4.7

Écris en anglais:

1. Je fais mes devoirs à sept heures du soir.
2. Nous faisons des courses tous les jours.
3. Papa fait la vaisselle après le petit déjeuner.
4. Vous faites du ski dans les Alpes.
5. Ils font une promenade après le déjeuner.

Exercice 4.8

Copie et complète et puis traduis en anglais:

1. Philippe .... du cheval dans la forêt.
2. Moi, je .... du ski à Val d'Isère.
3. Papa et Georges .... la cuisine – quelquefois!
4. Elle .... ses devoirs à cinq heures.
5. Nous .... des courses aujourd'hui.

Exercice 4.9

Écris en français:

1. He makes his bed at 7.30 a.m.
2. He does the housework at 11.00 a.m.
3. She does the washing every day.
4. They do the washing-up at 2.30 p.m.
5. You are doing the cooking today.
6. She does her prep at 7.00 p.m.
7. My Mum does the cooking every day.
8. He goes shopping at midday.
9. Sometimes we go for a walk at noon.
10. Mum goes riding at 4 o'clock.
11. They go for a walk at 5.00 p.m.
12. We go skiing in the Alps.

Les verbes: mettre

The verb mettre means 'to put' or 'to put on' (clothing). Note the double 't' in the plural:

> mettre = to put
>
> | | |
> |---|---|
> | je mets | nous mettons |
> | tu mets | vous mettez |
> | il met | ils mettent |
> | elle met | elles mettent |

Ah! These irregular verbs will be the death of me!

Exercice 4.10

Copie et complète avec la forme correcte du verbe 'mettre':

1. Nous .... les crayons de Pierre dans sa trousse.
2. Je .... mon pullover.
3. Ils .... les cahiers sur la table.
4. Maman .... la table pour le petit déjeuner.
5. Vous .... le café dans le bol.
6. Il......... mon sac dans la salle de classe.
7. Elle......... un poster dans ta chambre?
8. Tu..........la table?

Les verbes: sortir

Here's the third of the irregular verbs that we promised you:

> sortir = to go out/to take out
>
> | | |
> |---|---|
> | je sors | nous sortons |
> | tu sors | vous sortez |
> | il sort | ils sortent |
> | elle sort | elles sortent |

This verb provides us with an excellent example of how a verb (in French or English) can be used either **transitively** or **intransitively** (i.e. with or without a direct object). A transitive verb governs a direct object; an intransitive one does not:

e.g. On sort à 20 h. = We go out at 8 pm. (intransitive)
Je sors les poubelles. = I put the bins out. (transitive)

In the vocabulary at the back of this book, transitive verbs are marked as *v.t.*, intransitive ones as *v.i.*, and reflexive verbs as *v.r.*; but of course, many verbs can be used transitively, intransitively *or* reflexively, depending on the context.

Exercice 4.11

Copie et complète avec la forme correcte du verbe 'sortir' et puis traduis en anglais:

1. Je .... avec mes amis à 20 h.
2. D'habitude, c'est maman qui .... le chien.
3. Paul! Tu .... les poubelles, s'il te plaît!
4. Les enfants .... après le déjeuner.

Exercice 4.12

À toi. Qu'est-ce que **tu** fais à la maison pour aider tes parents?
Use some or all of the following expressions:

sortir les poubelles = to put the bins out
sortir le chien = to let the dog out
promener le chien = to walk the dog
mettre la table = to lay the table
débarrasser la table = to clear the table
quelquefois = sometimes
d'habitude = usually
souvent = often

ranger ma chambre = to tidy my room
donner à manger au chat = to feed the cat
passer l'aspirateur = to vacuum
faire la cuisine = to do the cooking
faire la vaisselle = to do the washing up
tous les jours = every day
toujours = always
rarement = rarely

La négation

A sentence may be either affirmative (**affirmatif**) or negative (**négatif**). To make a sentence negative, we put **ne** in front of the verb and **pas** after it. Note than ne becomes n' before a vowel or silent 'h'.

Marie-Yvonne mange beaucoup. = Marie-Yvonne eats a lot.
Marie-Yvonne **ne** mange **pas** beaucoup. = Marie-Yvonne does **not** eat a lot.

The negative in French is much easier than it is in English. For example, there is no need to put a French word for 'is', 'are', 'does', or 'do' in the negative where these appear in English:

Affirmatif		Négatif	
Elle nage	She swims	Elle **ne** nage **pas**	She does **not** swim
Ils écoutent	They listen	Ils **n'**écoutent **pas**	They do **not** listen
Il mange	He eats	Il **ne** mange **pas**	He does **not** eat
Il écoute	He is listening	Il **n'**écoute **pas**	He is **not** listening
Ils nagent	They are swimming	Ils **ne** nagent **pas**	They are **not** swimming

Exercice 4.13

Lis le dialogue et écoute le CD:

Patrick. Qu'est-ce que tu fais le soir à la maison?
Cédric. Moi? Ça dépend. D'habitude je regarde la télé dans ma chambre avant le dîner.
Patrick. Tu ne fais pas tes devoirs?
Cédric. Si!* Mais je fais mes devoirs après le dîner. Et toi?
Patrick. Moi, non.
Maman. Patrick ne fait pas ses devoirs après le dîner. Il n'écoute pas la radio, il ne regarde pas la télé. Il est fatigué, le soir.

*Si! = 'yes!' (in disagreement or contradiction)

1. What does Cédric normally do in the evenings?
2. Why does Patrick not do his homework, according to his mother?

ça dépend	it depends	après	after
avant	before	fatigué(e)	tired

Exercice 4.14

Écris ces phrases au négatif:

1. Patrick fait ses devoirs.
2. Mélanie passe l'aspirateur.
3. Linda fait la vaisselle.
4. Elles sortent les poubelles.
5. Maman met toujours la table.

Exercice 4.15

Écris ces phrases à l'affirmatif:

1. Georges et papa ne font pas la vaisselle.
2. La sœur de Paul ne promène pas les chiens.
3. D'habitude je ne regarde pas la télé le soir.
4. Martine n'écoute pas la radio.
5. Elle n'aime pas les croissants.

Exercice 4.16

Écris au négatif et puis traduis en anglais:

1. D'habitude, je fais mes devoirs à l'école.
2. Mon père regarde la télévision le soir.
3. Claude et Françoise descendent avant dix heures.
4. Paul, tu aimes ton café?
5. J'écoute la radio de 8 h à 10 h.

Des ou de?

Now may be a good time to tell you a useful little rule which we shall call the 'pas de' rule. When an expression containing de, de la, de l', du, des, un or une is made negative, we always use de (or d' before a vowel or 'h').

e.g.   Il a **des** livres; elle n'a pas **de** livres.
       Elle a **une** carte; il n'a pas **de** carte.
       Pas **de** problème! (No problem!)

Exercice 4.17

Écris au négatif:

1. Nous mangeons des tomates.
2. Tu as des animaux à la maison?
3. J'ai des devoirs.
4. Elle a un cahier.
5. Ils ont une carte dans la salle de classe.

Exercice 4.18

Écris en français:

1. Philip has some pencils, but he doesn't have any pens.
2. I have some plates but I do not have any glasses.
3. We have a knife, but we do not have any forks.
4. Dad has some coffee but he does not have any orange juice.
5. Nicolas is not watching television. He is doing his homework.
6. Mum isn't eating croissants today.

Vive la France!

Voyager en France n'est pas difficile: les trains sont rapides et confortables. Le gouvernement encourage la population à voyager par le train: pour les grandes distances il y a le train à grande vitesse (TGV), mais il y a aussi beaucoup de petits trains moins rapides.

(a) Que comprends-tu?
Écris en anglais deux ou trois lignes sur les trains français.

(b) Copie at complète avec cinq mots de la case:
Les voyages en France ne sont pas …
Le TGV est … et …
Le TGV est pour les … distances.
Le gouvernement … la population à voyager par le train.

encourage	facile	grandes	petites
rapide	confortable	difficiles	

(c) Remplis les blancs: quel mot est formé par les initiales des mots ou des groupes de mots?
Les … sont très rapides!
Les trains sont … et confortables.
Il y a … beaucoup de petits trains.
Pour les grandes distances, … le TGV.
Les voyages … sont pas difficiles.

Vocabulaire 4

Des mots indispensables de ce chapitre:

treize	thirteen	après	after/afterwards
quatorze	fourteen	avant	before
quinze	fifteen	assez	enough
seize	sixteen	peu	little (not much)
dix-sept	seventeen	quelquefois	sometimes
dix-huit	eighteen		
dix-neuf	nineteen	**Des phrases utiles:**	
vingt	twenty	quelle heure est-il?	what time is it?
midi	midday	je ne sais pas	I do not know
minuit	midnight	d'habitude	usually
		en retard	late
		le matin	(in) the morning
Des verbes indispensables:		le soir	(in) the evening
aider	to help		
ranger	to tidy		
faire (irreg.)	to do/to make		
mettre (irreg.)	to put/to put on		
sortir (irreg.)	to go out/to put outside		
s'habiller	to get dressed		
se laver	to wash (oneself)		
se lever	to get up		

Notice that hundreds of verbs may be used either **transitively**, where one does something to someone or something else (a 'direct object'), or **reflexively**, where one does something to oneself.

e.g. je lave le chien = I wash the dog; transitive
je me lave = I wash myself; reflexive

Bravo!

Tu as fini le chapitre 4!

In the next chapter you will find out how to talk about school and school subjects.

Chapitre 5

On va à l'école!

In this chapter we will look at a typical school day, the school itself, and how to give opinions about some subjects.

Tu vas à l'école en voiture?

Non, je vais à l'école par le train. J'habite loin.

N.B. loin = far away

Les verbes: aller

Un verbe irrégulier et très important!

In order to say how we get from A to B, we need to learn a very important irregular verb: aller = to go. It has some wonderfully irregular parts for you to learn:

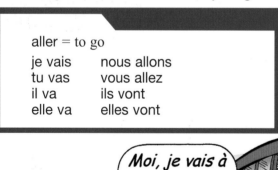

aller = to go

je vais	nous allons
tu vas	vous allez
il va	ils vont
elle va	elles vont

Moi, je vais à l'école en bus.

Le transport

Regarde les dessins:

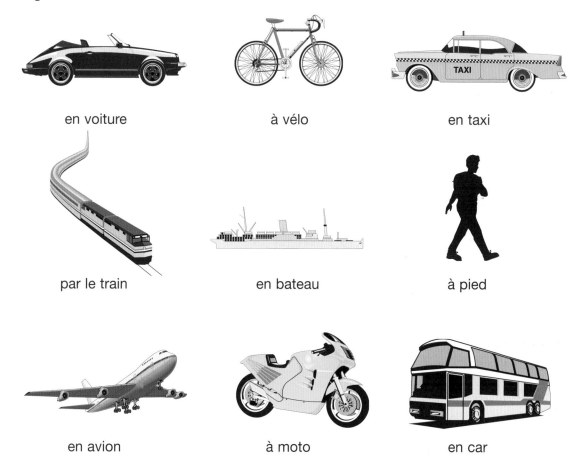

en voiture

à vélo

en taxi

par le train

en bateau

à pied

en avion

à moto

en car

Exercice 5.1

Remplis les blancs avec la forme correcte du verbe 'aller' et le transport:

e.g.   Nicolas va à l'école en taxi.

1.   Marc ... à l'école ...

2.   Nous ... à Paris ...

3.   Tu ... à Nice ...

4.   Je ... chez moi ...

5.   Ils ... à Calais ...

6.   Vous ... à l'école ...

Et toi, comment aimes-tu voyager?

Les jours de la semaine

The days of the week in French are all masculine nouns. Note that they do not begin with a capital letter (unless they happen to be the first word in a sentence):

lundi	Monday
mardi	Tuesday
mercredi	Wednesday
jeudi	Thursday
vendredi	Friday
samedi	Saturday
dimanche	Sunday

If we want to say 'Mondays', we use les and the day of the week in the plural:
e.g. J'aime les lundis. = I like Mondays.

To say 'on Monday', we do not need a word for 'on' ; we simply say lundi:
e.g. Je vais à l'école lundi. = I am going to school on Monday.

If we want to say 'on Mondays', we use le and keep the day of the week singular:
e.g. Je vais à l'école le lundi. = I go to school on Mondays.

Finally, if we want to say 'every Monday', we use tous les and the day of the week in the plural:
e.g. Je vais à l'école tous les lundis. = I go to school every Monday.

Les matières

School subjects (les matières, f.) are normally easy to recognise, but here are the most common ones for you to learn:

le dessin	Art	le latin	Latin
la biologie	Biology	les maths	Mathematics
la chimie	Chemistry	la musique	Music
l'informatique	Computing/ICT	les sciences naturelles	Natural Science
les travaux manuels	Craft	l'éducation physique	PE
la technologie	DT	la physique	Physics
l'anglais	English	l'instruction civique	PSE
le français	French	l'instruction religieuse	RE[2]
l'allemand	German	les sciences	Science
l'histoire-géo	History/Geog.[1]	l'espagnol	Spanish
les langues	Languages	le sport	Sport

Notes:
1 A combined subject in French schools
2 Apart from in private church schools, RE is not taught in France in school.

Exercice 5.2

Lis le passage et réponds aux questions:

C'est mardi matin. Marie-Claire et Paul arrivent à l'école à vélo. Les amis de Marie-Claire et de Paul discutent dans la salle de classe. Marie-Claire aime les mardis; c'est son jour préféré. Pourquoi? Parce qu'elle a deux heures de sciences naturelles, et elle adore les sciences. Après la pause, elle a une heure d'anglais. Elle aime beaucoup parler anglais.

Paul n'aime pas beaucoup les mardis. Il n'aime pas travailler. Il adore le sport mais il n'a pas de sport le mardi. Il a une heure de français et une heure d'allemand – et il déteste les langues! Mais il aime l'histoire-géo; c'est sa matière préférée.

discuter	to chat
préféré(e)	favourite
pourquoi?	why?
parce que/parce qu'	because
la pause	(the) break
beaucoup	very much
parler	to speak
travailler	to work
détester	to hate

1. Copie et complète les phrases et puis traduis en anglais:

    (a) C'est .... matin.
    (b) Marie-Claire et Paul vont à l'école ....
    (c) La matière préférée de Marie-Claire, c'est ....
    (d) La matière préférée de Paul, c'est ....
    (e) .... aime les mardis à l'école. .... n'aime pas les mardis.

2. Copie et complète les phrases avec la bonne terminaison du verbe et puis traduis en anglais:

    (a) Paul et sa sœur Marie-Claire aim... l'école.
    (b) Paul détest... l'allemand.
    (c) Les amis discut... dans la cour pendant* la pause.
    (d) Nous parl... beaucoup avant les classes.
    (e) J'ador... les lundis.

    *pendant = during

3. Écris ton emploi du temps.
    Write your timetable.

4. Écris un petit paragraphe sur les jours que tu aimes et que tu n'aimes pas.

    Exemple: Je m'appelle Georges. J'aime les mercredis parce que ...

Exercice 5.3

Passe le CD pour écouter le dialogue:

Jean-Pierre.   Salut, Paul!
Paul.   Salut! Quelle heure est-il?
Jean-Pierre.   Huit heures vingt.
Paul.   Mince! J'ai anglais dans dix minutes. Et toi, tu as anglais aujourd'hui?
Jean-Pierre.   Non, mais j'ai une heure de musique. J'adore la musique.
Marie-Claire.   Tiens! Bonjour, Anne!
Anne.   Bonjour! On est mardi aujourd'hui?
Marie-Claire.   Oui. C'est mardi.
Anne.   Chic! J'adore les mardis.
Marie-Claire.   Pourquoi?
Anne.   Parce que j'ai sciences-nat. J'adore la bio!
Marie-Claire.   Tu aimes la biologie? Moi, non.

Maintenant, travaillez à deux. Écoutez le dialogue, puis répétez-le!
Now, work in pairs. Listen to the dialogue, then practise it!

Les adjectifs

Adjectives (les adjectifs) are words which describe nouns. In French, an adjective must *agree* with the noun that it describes, This means that, if the noun is masculine, the adjective must be masculine. If the noun is feminine, the adjective must be feminine. If the noun is plural, the adjective must be plural.

Adjectives are always listed in their masculine singular forms. To make an adjective feminine, we add an 'e' – unless it already ends in 'e', in which case we leave it alone. However, if the word ends with é (with an acute accent), we *do* add the 'e' to make it feminine. (We will deal with making adjectives *plural* on page 76.)

Adjectives are normally shown with their feminine ending in brackets. If there is no change in the feminine, no change is shown.

e.g. intelligent(e) This shows that the feminine form of intelligent is intelligente.

  fatigué(e)   This shows that the feminine form of fatigué is fatiguée.

  sévère   This shows that the feminine form of sévère is the same as the masculine.

Voici Paul. Il est intelligent.

Voici Anne. Elle est intelligente.

Exercice 5.4

Écoute le CD:

A   Which of the following adjectives change their sound in the feminine form?

(a)	grand (tall/big)	(i)	intelligent (intelligent)
(b)	petit (small)	(j)	intéressant (interesting)
(c)	anglais (English)	(k)	français (French)
(d)	amusant (amusing)	(l)	bavard (talkative)
(e)	fatigué (tired)	(m)	méchant (naughty)
(f)	chouette (great!/brilliant!)	(n)	bête (silly/stupid)
(g)	sage (well-behaved)	(o)	timide (shy/timid)
(h)	sévère (strict)	(p)	jeune (young)

Ecris tous les adjectifs au féminin?

B   Maintenant, écris 5 phrases en français, comme dans l'exemple:
Exemple: Paul est grand, Marie est petite.

De quelle couleur?

Colours are adjectives and must agree with the noun that they describe. Here are some of the most common ones. Listen carefully to the CD to find out which change their sound, as well as their spelling, in the feminine form:

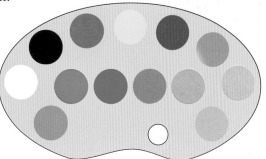

blanc (f. blanche)	white
bleu(e)	blue
brun(e)	brown
gris(e)	grey
jaune	yellow
noir(e)	black
rose	pink
rouge	red
vert(e)	green
violet (f. violette)	purple

Note that adjectives in French normally come *after* the nouns that they describe:

e.g.   un crayon rouge = a red pencil

Un jeu de devinettes

A guessing game

Work with a partner. Take it in turns to hide a coloured pencil behind your back. Try to guess which colour your partner has chosen:

e.g.   C'est un crayon rouge?
Non.
C'est un crayon jaune?
Oui.

Exercice 5.5

Regarde les dessins et décris ces objets, comme dans l'exemple:

e.g.   Ce sont des crayons jaunes.

Exercice 5.6

Dessine un poster!

With a partner, design a poster that could be put up in a nursery school classroom to teach young children the French colours, using words and pictures.

Exercice 5.7

CD 34

Écoutez le dialogue et puis travaillez à quatre. Répétez le dialogue:

Claire.   Sophie, tu as dessin aujourd'hui?
Sophie.   Oui. Après la pause de 11 h.
Claire.   Tu aimes le nouveau prof de dessin?
Sophie.   Ah, oui! Il est super-sympa.
Claire.   C'est vrai. Malheureusement, je n'ai pas dessin le jeudi. J'ai latin après la pause. Moi, je trouve que le latin est difficile. Je suis nulle!
Laurent.   Cédric, tu trouves ça difficile, le latin?
Cédric.   Non, pas tellement. Mais je suis assez fort en langues.
Laurent.   Moi, je suis faible en latin. Je préfère les travaux manuels.
Cédric.   Moi, c'est pareil. J'aime ça aussi.

super-sympa	really nice
que (qu' …)	that (e.g. I find *that* she is strict)
nul (f.: nulle) en	useless at
ça	it/that (e.g. I find *that* interesting)
pas tellement	not very much
moi aussi	me too
assez fort(e) en	quite good at (e.g. a subject)
faible en	poor at/not much good at
c'est pareil	it's the same

Exercice 5.8

1. Lis le passage. Change les détails et écris le passage pour toi:

   Je m'appelle **Eric**. J'ai **treize** ans. Je vais à l'école à **Niort** en **France**. Elle s'appelle **l'École Saint-Agnan**. J'aime bien l'école, parce que **j'ai beaucoup d'amis**. Je mange **à la cantine**. À la cantine, la cuisine est **bonne**! Ma matière préférée, c'est **l'informatique**. Mais j'aime aussi **le latin et l'anglais**. Je suis fort en **maths**; je trouve que le prof est très **sévère**. J'adore **le sport**, mais **je suis nul**!

2. Déchiffre! Quels devoirs a Jean-Paul ce soir?

   TILNA   GLISANA   ETHRISOI   STAHM   AEGPLSNO

3. Vrai ou faux? Pour répondre, regarde le passage d'Eric (Q. 1).
   - (a)   Eric adore travailler avec des ordinateurs.
   - (b)   Il n'est pas très fort en sport.
   - (c)   Eric va à l'école en Angleterre.
   - (d)   Il prend le déjeuner à la maison.
   - (e)   Eric est nul en maths.

Exercice 5.9

Copie ces phrases. Mets les adjectifs au féminin quand c'est nécessaire et puis traduis en anglais:

1. Claire est [GRAND] mais elle est [MÉCHANT].
2. Cédric n'est pas [FORT] en maths.
3. Nathalie a une amie [BAVARD] qui s'appelle Anne.
4. Marie lit un livre [INTÉRESSANT].
5. La maison est [BLANC] et [NOIR].
6. Cédric trouve le latin [FACILE].
7. Anne n'est pas très [INTELLIGENT].
8. Ma matière [PRÉFÉRÉ], c'est la géographie.
9. La prof de dessin, Madame Schmidt, a une voiture [BLEU].
10. Mon amie Aurélie est [ABSENT].

Exercice 5.10

Révision des verbes! Copie ces phrases. Mets la forme correcte des verbes et puis traduis en anglais:

1. Tu n'(écouter) pas!
2. Mais ce n'(être) pas intéressant!
3. Claire, tu (avoir) un stylo?
4. Oui. J'(avoir) trois stylos et un crayon dans ma trousse.
5. Si nous (parler) en classe, le prof n'(être) pas content.
6. Henri et Jules (habiter) à trois kilomètres de Niort.
7. Charlotte (aimer) chanter avec ses amies.
8. Elles (chanter) tous les dimanches à la chapelle.
9. Vous (aller) à Niort en voiture?
10. Oui. Nous (donner) un cadeau à ton cousin.

Les adjectifs (suite)

Adjectives (continued)

Some adjectives undergo a spelling change (beyond the addition of an 'e') when forming their feminine. The most obvious ones to look out for are as follows:

Adjectives in -x change to -se

paresseux	paresseuse	lazy
heureux	heureuse	happy
dangereux	dangereuse	dangerous
joyeux	joyeuse	happy/joyful

Adjectives in -f change to -ve

neuf	neuve	brand new
actif	active	active
sportif	sportive	sporty

Adjectives in -n change to -nne

ancien	ancienne	old/former

Adjectives in -er change to -ère

premier	première	first

There are also adjectives which are used a great deal which simply have to be learned by heart:

Masculine	Feminine	Meaning
beau	belle	handsome/beautiful
gentil	gentille	nice (of a person or an animal)
gros	grosse	big
vieux	vieille	old
long	longue	long
nouveau	nouvelle	new/different
blanc	blanche	white

N.B. travailleur (*f.* travailleuse) = hard-working

Exercice 5.11

Mots croisés!

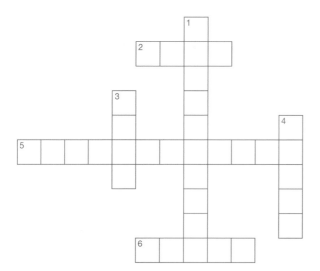

Horizontalement

2   Handsome (m.)

5   Interesting (f.)

6   Old (m.)

Verticalement

1   Lazy (f.)

3   Strong (m.)

4   Beautiful (f.)

Exercice 5.12

Find the French adjectives which <u>describe</u> these people or things:

1.   Un élève qui ne travaille pas beaucoup est ...
2.   Quelque chose qui n'est pas difficile est ...
3.   Une grand-mère qui n'est pas jeune est ...
4.   J'adore les maths – c'est ma matière ...
5.   Une visite qui n'est pas désagréable est ...
6.   Une fille qui parle beaucoup est ...
7.   Un élève qui n'est pas faible en français est ...
8.   Quelque chose que j'adore manger est ...
9.   Un professeur qui n'est pas stupide est ...
10.   Un garçon qui n'est pas petit est ...

Reminder: Qui = who or which

Exercice 5.13

Écris en français:

1.   The boy is lazy.
2.   The girl is happy.
3.   Is the train dangerous?
4.   The teacher is new.
5.   My pencil case is new.
6.   Here is my first exercise book. It is red.
7.   My father is handsome and my mother is beautiful.
8.   My French teacher is very nice.
9.   My grandmother is very old.
10.   The board in the classroom is white.

Vive la France!

En France le professeur reste dans la salle de classe. À la pause, il y a une personne différente qui accompagne les élèves (les garçons et les filles). C'est un surveillant ou une surveillante. En France, les professeurs travaillent en classe, et les surveillants accompagnent les élèves à la cantine et à l'extérieur.

(a)   Que comprends-tu? Écris deux ou trois lignes en anglais sur les surveillants.

(b)   Écris ce paragraphe avec le mot représenté par **x**:

En France les **x** ne sont pas avec les enfants à la pause. Les **x** sont en classe. Les **x** n'accompagnent pas les élèves à la cantine.

Vocabulaire 5

Des mots indispensables de ce chapitre:

une école	a school	difficile	difficult
le jour	the day	grand(e)	big/tall
la semaine	the week	petit(e)	small
lundi	Monday	bleu(e)	blue
mardi	Tuesday	blanc (f. blanche)	white
mercredi	Wednesday	brun(e)	brown
jeudi	Thursday	jaune	yellow
vendredi	Friday	noir(e)	black
samedi	Saturday	rouge	red
dimanche	Sunday	vert(e)	green

Des phrases utiles:

à vélo	by bike
à pied	on foot
en voiture	by car
en bus	by bus
par le train	by train
parce que	because
pourquoi	why

Des verbes indispensables:

aller (irreg.)	to go
détester	to hate
parler	to speak
rester	to stay
trouver	to find
travailler	to work

Bravo!

Tu as fini le chapitre 5!

In the next chapter, you will find out about dates and prices, and have more practice with numbers.

Chapitre 6

La date, les numéros, les prix

In this chapter we will be looking at dates, numbers and prices.

CD
36

Mon anniversaire

We shall begin with birthdays (les anniversaires) and for this we shall need to know the numbers up to 31 and the months (les mois). So here we go:

1	un/une	17	dix-sept
2	deux	18	dix-huit
3	trois	19	dix-neuf
4	quatre	20	vingt
5	cinq	21	vingt et un
6	six	22	vingt-deux
7	sept	23	vingt-trois
8	huit	24	vingt-quatre
9	neuf	25	vingt-cinq
10	dix	26	vingt-six
11	onze	27	vingt-sept
12	douze	28	vingt-huit
13	treize	29	vingt-neuf
14	quatorze	30	trente
15	quinze	31	trente et un
16	seize		

janvier	juillet
février	août
mars	septembre
avril	octobre
mai	novembre
juin	décembre

Note that the months in French do not begin with a capital letter:

If your birthday is on the **first** of a month, you say **le premier** (the first); for all other dates, you say **le deux**, **le trois** etc. Notice how **le premier** is abbreviated to **le 1er**.

e.g.   Mon anniversaire est le 1er janvier. Et toi?
       Moi, c'est le 23 juillet.

Et toi? C'est quand, ton anniversaire? Et quelle est la date aujourd'hui?

Exercice 6.1

Lis le passage et écoute le CD:

L'anniversaire de maman

Claire. On est quel jour, papa?
Papa. C'est samedi.
Claire. C'est samedi? C'est le weekend!
Philippe. C'est quand, l'anniversaire de maman?
Papa. C'est le 28 février. C'est aujourd'hui!
Claire. Qu'est-ce qu'on achète?
Philippe. Elle adore le chocolat.
Papa. Le chocolat? Ce n'est pas intéressant.
Philippe. Moi, je n'ai pas beaucoup d'argent!

Philippe et Claire vont à Belleville avec Papa. Ils vont en voiture, car Belleville est à 3 kilomètres de la maison. Ils cherchent des cadeaux pour l'anniversaire de maman. Son anniversaire, c'est le 28 février. Ils vont chez M. Meunier, le bijoutier. Ils regardent un bracelet et des boucles d'oreille en argent.

Claire. Ce bracelet est superbe!
Papa. Excusez-moi, Monsieur, c'est combien, ce bracelet, s'il vous plaît?
Bijoutier. Ce bracelet-ci? Cinquante-cinq euros, Monsieur.
Philippe. Zut …C'est trop cher!
Papa. Moi, j'achète le bracelet.
Bijoutier. Alors, cinquante-cinq euros, s'il vous plaît.
Papa. Voilà.
Bijoutier. Merci, Monsieur. Au revoir.
Papa. Au revoir, Monsieur. Alors, les enfants, on va où, maintenant?

Claire. Il faut acheter une carte d'anniversaire pour maman!
Philippe. Elles sont chères, les cartes!

1. On which day of the week is Mum's birthday?
2. What is Philippe planning to buy for his mother?
3. What does Papa think about this?
4. What does the family do at Belleville? Give as much detail as you can.
5. At the end of the story, what does Claire suggest that they do next? And what is Philippe's reaction?

on est quel jour?	what day is it?	un bijoutier	a jeweller
quand	when	un bracelet	a bracelet
acheter	to buy	des boucles d'oreille	earrings
j'achète	I buy	combien?	how much/how many?
l'argent (m.)	the money, silver	zut!	bother!
car	for/because	trop	too
à x kilomètres de	x km away from	cher (f.: chère)	dear/expensive
chercher	to look for	il faut	it is necessary
chez	to/at the house/shop of	la carte d'anniversaire	the birthday card

The French **il faut** is very useful, as it translates a range of expressions such as 'I must', 'you must', 'we must' – the context will normally make clear which. It is followed by an infinitive:

e.g.   il faut aller à l'école = we must go to school.

il faut commencer tes devoirs = you must begin your homework.

Les numéros

There are three words for 'number':

*le chiffre   figure (digit)

*le numéro   number (i.e. numeral, e.g. le numéro 10 = No. 10)

*le nombre   number (i.e. quantity, e.g. le nombre de touristes espagnols = the number of Spanish tourists)

We already know the numbers from 1-31. Here now are the numbers up to 100:

40	quarante	80	quatre-vingts (4 x 20!)
50	cinquante	81	quatre-vingt-un
60	soixante	82	quatre-vingt-deux
70	soixante-dix (60 + 10!)		etc. up to …
71	soixante et onze (60 + 11!)	90	quatre-vingt-dix (4 x 20 + 10!)
72	soixante-douze	91	quatre-vingt-onze (4 x 20 + 11!)
73	soixante-treize	92	quatre-vingt-douze …
	etc. up to …	99	quatre-vingt-dix-neuf
79	soixante-dix-neuf (60 + 19!)	100	cent

Exercice 6.2

Écris ces numéros en chiffres:

1.   quatre
2.   vingt-quatre
3.   trente-quatre
4.   trente-neuf
5.   quarante et un

6.   quarante-six
7.   cinquante-cinq
8.   soixante-treize
9.   quatre-vingt-trois
10.   quatre-vingt-treize

Exercice 6.3

Écris les numéros suivants en français:

1. 44
2. 31
3. 17
4. 39
5. 55

6. 64
7. 75
8. 88
9. 90
10. 94

Les numéros de téléphone

Telephone numbers in France are always given in groups of two digits at a time. Thus, the number 514203 would be given as 51-42-03: cinquante et un, quarante-deux, zéro trois.

Lis ces numéros de téléphone en français:

(a) 02 51 98 55 05
(b) 03 49 85 87 89
(c) 06 76 72 23 15
(d) 04 33 66 69 79

Vive la différence!

The French way to write figures is slightly different from the British way. They use a comma for a decimal point, and a point (full stop) to separate the thousands:

UK	France
3.2	3,2
4,000	4.000

Thus: 3 euros and 20 cents is: 3,20€ (trois euros vingt). Note that for prices *below* a single euro, one writes (but does not say) the zero (zéro), followed by the cents (which are called centimes d'euro): e.g. 0,20€ (vingt centimes).

Les verbes: acheter

Acheter is a regular ER verb, but notice what happens with the accents. Listen carefully to how each part of the verb is pronounced:

---

acheter = to buy

j'achète	nous achetons	(pronounced ending)
tu achètes	vous achetez	(pronounced ending)
il achète	ils achètent	
elle achète	elles achètent	

N.B. A *grave* accent is placed on the 'e' of the stem when the **ending** is **not** pronounced.

A similar thing happens with verbs such as répéter, compléter and préférer, where the acute accent of the stem becomes a grave on those forms where the endings are not pronounced: je répète but nous répétons, je préfère but nous préférons etc.

Exercice 6.4

Regarde le dessin et remplis les blancs comme dans l'exemple:
e.g.   Les bananes coûtent 1,10€ le kilo.

1.   2 kilos d'oranges coûtent ...
2.   4 melons coûtent ...
3.   3 kilos de tomates coûtent ...
4.   Les carottes coûtent ... le kilo.
5.   Les pommes de terre coûtent ... le kilo.
6.   Les ... et les ... coûtent 1,50€ le kilo.

coûter = to cost
la pièce = each
une banane = a banana
une carotte = a carrot
un melon = a melon
une orange = an orange
une pomme = an apple
une pomme de terre =
    a potato
une tomate = a tomato

Qu'est-ce que tu veux acheter?
What do you want to buy?

Take it in turns to ask for, and to sell, the items in the picture, as in the example. Note that, when talking about a quantity of something, we use **de**, not **des**.
e.g. Un kilo de bananes, c'est combien?
      Un euro, dix, s'il vous plaît.

Exercice 6.5

Copie et complète les phrases avec la forme correcte du verbe 'acheter':

1.   Nous ... 2 kilos de carottes.
2.   J' ... des pommes de terre et un melon.
3.   Elle ... cinq melons.
4.   Ils ... des tomates et des pommes.
5.   Vous ... des oranges?
6.   Tu ... des pommes pour moi, s'il te plaît.

Deux verbes irréguliers: vouloir et pouvoir

Now for two very similar irregular verbs, vouloir and pouvoir:

vouloir = to want (to)

je veux	nous voulons
tu veux	vous voulez
il veut	ils veulent
elle veut	elles veulent

Note the useful phrase, **Je veux bien** = I should like that.

e.g. Tu veux du chocolat? Oui, je veux bien.
Tu veux aller à Belleville? Oui, je veux bien.

pouvoir = to be able (to)

je peux	nous pouvons
tu peux	vous pouvez
il peut	ils peuvent
elle peut	elles peuvent

Note that pouvoir followed by an infinitive translates the English 'can':

e.g. Je peux chanter = I can sing.
Je ne peux pas chanter = I cannot sing.

Notice how, in both verbs, the vowel sound changes from 'ou' in the infinitive to 'eu' in all but the nous and vous forms.

Exercice 6.6

Copie et complète avec la version correcte du verbe 'vouloir' et traduis en anglais:

1. Tu ... regarder la télé?
2. Je ... écouter la radio.
3. Nous ... manger tout de suite.
4. Elles ... acheter des cadeaux.
5. Vous ... aller en ville?

Exercice 6.7

Traduis en français:

1. You can eat at 7.00 p.m.
2. We are able to watch the film.
3. She can stay at my house.
4. I can go to school by train.
5. They can buy some apples in the market.

Exercice 6.8

Copie et complète avec la forme correcte du verbe et puis traduis en anglais:

1.   Linda (vouloir) acheter une carte pour son ami.
2.   Elle ne (pouvoir) pas, parce qu'elle n'(avoir) pas d'argent.
3.   Philippe et Claire (vouloir) chercher un cadeau.
4.   Ils ne (pouvoir) pas trouver le cadeau qu'ils (vouloir).
5.   Tu (vouloir) aller à la piscine?
6.   Oui, je (vouloir) bien, mais je ne (pouvoir) pas.

Exercice 6.9

Passe le CD pour écouter le dialogue:

On entre chez le marchand de journaux.

Philippe.   Je veux chercher une carte pour maman.
Claire.   Il y a seulement des journaux et des magazines ici.
Philippe.   Bonjour, Monsieur. Je cherche une carte d'anniversaire, s'il vous plaît.
Le marchand.   Désolé, jeune homme. Je n'ai pas de cartes d'anniversaire. Il faut aller à la papeterie, en face.
Philippe.   Merci, Monsieur.

Ils vont à la papeterie ...

Claire.   Voilà! On a un bon choix de cartes ici. Tu peux trouver une belle carte pour maman.
Philippe.   Oui, c'est vrai. Ah! voici une belle carte! Mais elle est chère. Tu peux me prêter 3 euros, s'il te plaît?
Claire.   Non! Je veux garder tout mon argent pour aller au cinéma samedi avec Aurélie.

1.   Why does Philippe want to borrow money from his sister?
2.   Is he successful? If not, why not?

Exercice 6.10

Lis le passage 6.9 encore une fois, et puis remplis les blancs:

Philippe (...) acheter une carte d'anniversaire pour sa (...). Mais il ne (...) pas, parce qu'il n'a pas assez d'argent. Il demande à sa sœur s'il peut emprunter 3 (...), mais Claire ne peut pas donner les 3 euros à son (...). Elle (...) garder tout son argent pour aller au (...) avec son amie (...).

veut	frère	euros
maman	Aurélie	
veut	peut	cinéma

entrer	to enter	aller	to go	le cinéma	the cinema
seulement	only	en face	opposite	demander	to ask
désolé(e)	sorry	le choix	the choice	emprunter	to borrow
l'homme (m.)	the man	prêter	to lend		
la papeterie	the stationers	garder	to keep		

Exercice 6.11

1. Lis en français à haute voix, le plus vite possible:
   Read out loud in French, as quickly as possible:

12	2	11	1	9
3	13	23	19	10
6	16	36	7	17

2. Écris ces prix en chiffres:
   (Exemple: trois euros vingt = 3,20€)

   (a) dix euros quarante
   (b) trente-deux euros
   (c) sept euros dix-sept
   (d) quatre-vingt-treize euros quatre-vingt-dix-neuf
   (e) deux cents euros vingt-cinq

Exercice 6.12

Au marché

Look at the pictures for one minute and then close the book. Take it in turns to see how many of the items you can remember to buy at the market:

Vive la France!

Il y a un marché dans toutes les villes et dans beaucoup de villages en France. Au marché on peut trouver toutes sortes de produits: des fruits et des légumes, des vêtements, des livres, et beaucoup d'autres choses. Les marchés sont très populaires, pour les Français et pour les touristes.

(a) Que comprends-tu?
Écris deux ou trois lignes en anglais sur les marchés.

(b) Trouve les intrus! Qu'est-ce qu'on ne peut pas acheter au marché?
des oranges, des bananes, des T-shirts, des surveillants, des baguettes, des maisons, des crayons, des animaux, des professeurs, des tomates

(c) Fais correspondre les débuts et les fins des mots:

TOM	ETER
ACH	LAGE
LIV	CHÉ
MAR	ATES
VIL	RES

Vocabulaire 6

Des mots indispensables de ce chapitre:

janvier	January	trente	thirty
février	February	quarante	forty
mars	March	cinquante	fifty
avril	April	soixante	sixty
mai	May	soixante-dix	seventy
juin	June	quatre-vingts	eighty
juillet	July	quatre-vingt-dix	ninety
août	August	cent	one hundred
septembre	September		
octobre	October	un anniversaire	a birthday
novembre	November	l'argent (m.)	the money
décembre	December	le jour	the day

Des phrases utiles:

il faut	it is necessary
combien	how much/many
quand	when

Des verbes indispensables:

acheter	to buy
entrer	to go in/to come in
pouvoir (irreg.)	to be able
vouloir (irreg.)	to want

Bravo!

Tu as fini le chapitre 6!

In the next chapter, you will learn how to describe yourself and other people.

Chapitre 7

Tu es comment?

In this chapter we learn how to describe ourselves and other people. We learn about colours and clothes, and more about adjectives.

Exercice 7.1

Anne-Marie veut une correspondante. Elle trouve une correspondante en Suisse. Sa correspondante suisse s'appelle Joselle Meuli. Joselle habite à Genève, où on parle français. Voici la lettre d'Anne-Marie:

> La Roche-sur-Yon, le 8 mai
>
> Chère Joselle,
>
> Bonjour! Tu veux être ma nouvelle correspondante? Bien! Je suis heureuse. J'aime la Suisse, surtout le Lac Léman à Genève. J'ai 12 ans et j'habite à La Roche-sur-Yon depuis 8 ans.
>
> J'ai les cheveux bruns et longs, et les yeux bleus. Je suis assez grande (je mesure 1m 53) et je suis sportive. J'aime aussi la musique. Mes amies disent que je suis souriante et optimiste!
>
> Voilà! Et toi? Tu es comment? Écris-moi vite!
>
> Amicalement,
>
> Anne-Marie Benoît

1. Why is Anne-Marie writing this letter?
2. Write a description of Anne-Marie.
3. What question does Anne-Marie put to Joselle at the end of her letter?

un/e correspondant/e	a pen friend (m./f.)
la Suisse	Switzerland
surtout	especially
le lac Léman	Lake Geneva
depuis	since
depuis 8 ans	for 8 years
les cheveux	hair
les yeux	eyes
mesurer	to measure
sportif (f. sportive)	sporty
(ils/elles) disent	(they) say
souriant(e)	cheerful
optimiste	positive-thinking, optimistic
tu es comment?	what are you like?

La description

Before we begin to describe ourselves in French, we need to learn how some expressions are a little different from their English equivalents. For example, one *has* an age: j'**ai** 12 ans; one *measures* a height: je **mesure** 1m 53; one has *the* eyes, *the* nose, *the* arms etc.: j'ai **les** yeux verts; and finally one's hair is *plural*: j'ai **les cheveux longs**.

Moi, je suis ...

Je suis ...

aimable	friendly	honnête	honest
beau (f. belle)	handsome	joli(e)	pretty
dingue	crazy	mignon (f. mignonne)	cute
drôle	funny	poli(e)	polite
généreux (f: généreuse)	generous	souriant(e)	cheerful
gentil (f. gentille)	pleasant	sympa(thique)	nice

Et mon physique?

Je suis ...

bronzé(e)	tanned	grand(e)	tall
costaud	stockily-built	gros(se)	big/large
de taille moyenne	of medium build	maigre	thin, skinny
fort(e)	strong	mince	slim

je mesure x mètres	I am *x* metres tall
je pèse x kilos	I weigh *x* kilos

Et mes cheveux?

J'ai les cheveux ...			
blancs	white	frisés	frizzy
blonds	blonde	longs	long
bouclés	curly	noirs	black
bruns	brown	roux	red, ginger
châtains	mid-brown	raides	straight
courts	short		

NOTE: these are shown in the masculine plural, to agree with cheveux. Note, also, the special word for red (roux) when referring to hair. If you have very little hair, or none at all, you are chauve (bald).

Exercice 7.2

Passe le CD pour écouter les dialogues:

Dialogue 1

Philippe. Cédric! Tu as vu le nouveau venu?
Cédric. Non. Il est comment?
Philippe. Il est assez costaud, pas très grand mais fort.
Cédric. Un peu comme Léon?
Philippe. Oui. Et très sportif. Il fait du ski!
Cédric. Ça alors! Il a quel âge?
Philippe. Quatorze ans, je crois.

Dialogue 2

Anne-Marie. Tiens! Salut Claire!
Claire. Salut! J'ai une lettre de ma nouvelle correspondante!
Anne-Marie. Ah, bon! Où est-ce qu'elle habite?
Claire. En Allemagne.
Anne-Marie. Et elle est comment?
Claire. Elle est blonde, très grande, sportive. Elle fait du cheval dans la Forêt Noire!
Anne-Marie. Chouette!

tu as vu	you have seen	je crois	I think
le nouveau venu	the newcomer	tiens!	well, well!
comme	like	chouette!	brilliant!/cool!
ça alors!	really!		

Exercice 7.3

Dessine!
Voici quelques descriptions. Dessine le personnage de la description:

1. Il est très petit. Il a les cheveux roux et frisés. Il a 3 ans.
2. Elle est assez grosse. Elle a les cheveux verts et les yeux noirs!
3. Bobby a les cheveux longs et roux. Il a 16 ans. Il est grand et mince.

Les vêtements

un t-shirt	un short	un jean	un pull
un pantalon	une jupe	une robe	une chemise
un chapeau	des lunettes	des chaussures	des baskets

N.B. les chaussures (*f.*); les baskets (*m.*)

Exercice 7.4

Regarde les vêtements.

Study the clothes on this page for one minute. Then, close your book and try to describe the items to your partner. Don't forget to mention the colours of each item!

e.g.   Le jean est bleu.

À toi. Qu'est-ce que tu portes aujourd'hui?
What are you wearing today?

e.g.   Je porte un pantalon noir et un pull bleu.

Exercice 7.5

Passe le CD et lis le passage:

Sara et Nathalie entrent dans une boutique de mode, qui se trouve à un kilomètre de chez Nathalie, au centre-ville. Nathalie a une amie, Véronique, qui travaille à la boutique le samedi et pendant les vacances. Le père de Véronique est le propriétaire de la boutique. Véronique a 14 ans. Nathalie a 13 ans mais son anniversaire est dans trois jours. Son amie est de taille moyenne. Elle a les cheveux roux et bouclés et les yeux verts. Les deux copines adorent s'habiller à la mode!

Nathalie économise: tous les dimanches elle met un peu d'argent de côté pour acheter des vêtements. Maintenant elle a 25 euros et elle peut acheter une robe qu'elle peut porter le jour de son anniversaire.

la boutique	the shop	le copain	the friend (m.)
à la mode	in fashion	la copine	the friend (f.)
se trouver	to be situated	économiser	to save up
la ville	the town	mettre de côté	to put aside
le propriétaire	the owner		

Trouve le français pour:
1. ... which is situated 1 km away from ...
2. ... in the town centre
3. ... who works in the shop
4. ... in the holidays
5. ... on Saturdays

Exercice 7.6

Copie et complète avec la version correcte du verbe et puis traduis en anglais:

1. Marc n'(aimer) pas aller aux magasins.
2. Marc et Claude (discuter) de la musique.
3. Le samedi, Véronique (aller) en ville.
4. Ses parents (être) propriétaires d'une boutique.
5. Nathalie ne (pouvoir) pas acheter une robe.

Exercice 7.7

Fais correspondre les deux moitiés des phrases et puis traduis en anglais:

Exemple: 1+ (c). Nathalie travaille au centre-ville le samedi.
Nathalie works in the centre of town on Saturdays.

1. **Nathalie travaille**
2. Tu veux aller
3. Après le petit déjeuner
4. Claude achète quatre
5. Sara et Marc mangent

(a) les croissants de maman.
(b) billets d'entrée.
(c) **au centre-ville le samedi**.
(d) je vais à la boutique.
(e) au cinéma ce soir?

Exercice 7.8

Regarde les dessins. Écris une petite description pour chaque élève, comme dans l'exemple:

e.g. Chantal a les cheveux châtains et les yeux bleus. Elle porte un t-shirt bleu et une jupe blanche.

Chantal   Marie-Claire   Sylvie

Guy   Caroline   Jean-Michel

À toi!

Peux-tu écrire une description de toi? Écris une lettre comme la lettre d'Anne-Marie (p. 70). Imagine que tu écris à un garçon (Cher Philippe) ou à une fille (Chère Nicole).

Note that a letter in French begins, not with the full address of the sender, but simply with the town and date.

Les adjectifs (encore une fois)

Adjectives (one more time)

We have already learned that adjectives must agree with the noun they describe and this has involved learning how to make an adjective feminine (usually by simply adding an 'e'):

e.g.   le garçon intelligent > la fille intelligent**e**

We now need to learn how to make an adjective **plural**. The simple rule is that we add 's':

e.g.   le garçon intelligent > les garçons intelligent**s**
         le livre rouge > les livres rouge**s**
         la fille intelligente > les filles intelligente**s**
         la table rouge > les tables rouge**s**

If the adjective ends in '–x', there is no change in the plural:

e.g.   le garçon heureux > les garçons heureux

If the adjective ends in '–al', this changes to '-aux':

e.g.   un jour normal > des jours normaux

Finally, note that some adjectives are **invariable**, i.e. do not change in the feminine or the plural:

e.g.   marron = reddish-brown
         super = brilliant

Thus: le garçon est super > les garçons sont super
         la fille est super > les filles sont super

Note that some adjectives change their form when used in front of a masculine noun beginning with a vowel or silent 'h'. Thus beau becomes bel, vieux becomes vieil and nouveau becomes nouvel.

e.g.   un nouvel élève = a new pupil

The feminine plural of all adjectives, whether regular or not, is formed by adding 's' to the feminine singular:

         la fille heureuse > les filles heureuses
         une semaine normale > des semaines normales

Position of adjectives

Normally, adjectives in French come after the noun they describe, but a few generally come before. Here are some to look out for:

grand(e)	petit(e)	beau (belle)
nouveau (nouvelle)	vieux (vieille)	joli(e)
gentil(le)	bon(ne)	long(ue)

If you want some more, there is a little rhyme on page 113 that you can learn to memorise the adjectives that come before their nouns.

Exercice 7.9

Passe le CD pour écouter le dialogue:

Pendant les vacances, Natalie aime faire du patinage. Elle aime aller à la patinoire avec ses amis Marc, Claude et Sara. Aujourd'hui elle porte son jean noir et son blouson vert. Elle met aussi une écharpe noire. Marc met un pantalon bleu foncé et un pull bleu.

«Tu aimes mon nouveau blouson? dit Natalie à Sara.

— Oui! Il va bien avec ton jean,» répond Sara.

Marc et Claude achètent les billets d'entrée à la patinoire. Les quatre amis vont au guichet louer des patins.

Employé.   Oui, bonjour! Vous êtes combien?

Marc.   On est quatre.

Employé.   Et quelle pointure chaussez-vous?

Claude.   Moi, c'est … 42.

Marc.   Moi, je chausse du 43. Mais les filles, je ne sais pas …

Natalie.   Moi, je chausse du 36 et Sara aussi.

Employé.   Bon. 42, 43 et deux fois 36. Ça fait … 8 euros, s'il vous plaît.

1.   What is Natalie wearing?
2.   What is Marc wearing?
3.   How do we know Natalie's jacket is new?
4.   What does Sara say about it?
5.   What does the ice-rink employee ask them first?

pendant	during	louer	to hire
les vacances	the holidays	les patins	the skates
faire du patinage	to go skating	vous êtes combien?	how many are you?
la patinoire	the skating rink	on est quatre	there are four of us
porter	to wear	quelle pointure	what size shoes
le blouson	the top (with a zip)	chaussez-vous?	do you take?
une écharpe	a scarf	deux fois	two times/twice
foncé	dark (of colours)	ça fait …	that makes …
le guichet	(pay) desk, counter		

Exercice 7.10

Passe le CD pour écouter le dialogue et puis fais l'exercice:

Natalie et Sara se trouvent devant la boutique de Véronique.

Natalie.   Oh! Regarde cette jolie robe rouge! Mais elle coûte 45 euros!
Sara.   Oui, elle est belle, mais elle est chère. Tu as combien d'argent?
Natalie.   Vingt-cinq euros. Tiens! Voilà Véronique!
Sara.   Natalie veut acheter cette robe, mais elle est trop chère.
Véronique.   Pas de problème! Les soldes commencent aujourd'hui!
Natalie.   Ah! Les soldes! Super!
Véronique.   Je demande à papa le prix de cette robe avec la réduction!
Natalie.   D'accord.
…

Véronique.   Il dit que c'est 30 euros …
Natalie.   Zut …!
Véronique.   Mais pour toi, il fait un prix spécial! Tu peux avoir la robe pour 25 euros!
Natalie.   Chouette! Merci beaucoup, Véronique!

Comment dit-on en français?

1.	Outside the shop	5.	The sales
2.	It costs	6.	The reduction
3.	How much money?	7.	Okay, then
4.	No problem	8.	Great!

Exercice 7.11

Déchiffre ces vêtements!

LPLU	HORST	HIRTST	PEUJ
ANJE	CSIEHM	BORE	RUSCSAHUES

Exercice 7.12

Dessine! Ou, si tu préfères, traduis en anglais!
Draw the characters described here, or, if you prefer, translate the descriptions!

1.   Elle est grande et elle a les cheveux longs et noirs. Elle porte une robe violette, un blouson bleu et un chapeau rouge.

2.   Il est petit et gros. Il a les cheveux courts et frisés. Il porte un vieux pantalon et des baskets verts.

3.   Mon ami Philippe a les cheveux blonds et courts, le visage bronzé, et il mesure 1 m 75. Il est mince, sportif, et il porte des vêtements cool!

N.B. le visage = the face

Vive la France! Et vive le français!

On parle français en France – bien sûr! – mais aussi dans beaucoup d'autres pays.
En Europe, on parle français en Suisse, en Belgique et au Luxembourg. On parle
français au Québec (une province du Canada) et dans plusieurs pays de l'Afrique.
Dans le monde, il y a cinquante-deux pays où on parle français!

(a)　Que comprends-tu? Réponds en anglais aux questions:
　　　Name three continents where French is spoken.
　　　Where is Quebec?
　　　In how many countries world-wide is French spoken?

(b)　Fais correspondre les deux moitiés des phrases:
　　　Au Maroc on　　　　　　　　　　　province du Canada.
　　　Un pays où on parle　　　　　　　français en Angleterre.
　　　Le Québec est une　　　　　　　　parle français.
　　　On ne parle pas　　　　　　　　　français, italien et allemand.
　　　En Suisse on parle trois langues:　français est un pays francophone.

(c)　Écris cette histoire dans l'ordre:
　　　Elle va au magasin avec son amie Sara.
　　　Nathalie décide: c'est la bleue!
　　　Nathalie veut une nouvelle robe.
　　　Elle met quatre robes.
　　　Sara aime la robe verte mais Nathalie préfère la bleue.

Vocabulaire 7

Des mots indispensables de ce chapitre:

Des vêtements

le chapeau	the hat
la chaussure	the shoe
la chemise	the shirt
la jupe	the skirt
le pantalon	the trousers
le pull	the pullover
la robe	the dress
la veste	the jacket

Des adjectifs

beau (m.), bel (m. + vowel), belle (f.)	beautiful
gentil(le)	kind
jeune	young
joli(e)	pretty
sympa	nice
vieux (m.), vieil (m. + vowel), vieille (f.)	old

Des adjectifs pour décrire les cheveux

courts	short
blonds	blonde
roux	red
longs	long
frisés	curly
marron	brown
châtains	chestnut-brown

Des phrases utiles

bien sûr! = of course!
tu es comment? = what are you like?
j'ai les cheveux ... = I have ... hair
j'ai les yeux ... = I have ... eyes
je suis assez ... = I am quite ...
qu'est-ce que tu portes? = what are you wearing?

Bravo!

Tu as fini le chapitre 7!

In the next chapter, you will learn how to speak and write about your family – and other animals!

Chapitre 8

Ma famille et mes animaux

Families can be big or small, simple or complicated. And they include our animals too! This chapter will teach you how to begin describing yours.

Exercice 8.1

Passe le CD, écoute et lis le passage suivant:

Bonjour! Je m'appelle Tochiko. J'ai douze ans et j'habite à La Roche-sur-Yon en Vendée. C'est une belle ville que j'adore. Voici ma famille: mon père, ma mère, mes sœurs et mes frères. Il y a aussi mon grand-père et ma grand-mère. Mes parents sont formidables. Ils ont cinq enfants. J'ai deux sœurs qui s'appellent Mina et Marie-Christine et deux frères,

Georges et Olivier, qui adorent le sport. Marie-Christine (qui est handicapée) et moi, nous sommes adoptées. Je suis d'origine japonaise. Marie-Christine a seize ans. Elle adore le dessin et la musique. Moi aussi, j'aime la musique et j'ai une grande collection de CDs. Notre petite sœur Mina, qui a neuf ans, adore les animaux. Elle s'occupe de nos deux chats.

en Vendée	in the Vendée	formidable	wonderful
que	which	handicapé(e)	disabled
le père	the father	adopté(e)	adopted
la mère	the mother	japonais(e)	Japanese
la sœur	the sister	d'origine ...	of ... origin
le frère	the brother	notre	our (+ singular noun)
le grand-père	the grandfather	s'occuper de	to take care of
la grand-mère*	the grandmother	nos	our (+ plural noun)

* N.B. Although grandmother is feminine, the grand does not have a feminine ending; the plural is grands-mères.

Note, also, that the 'o' and 'e' of dipthongs, as in the word sœur, are traditionally joined together in printed books. There is no need to do this when you are writing.

1. Write in English eight facts about Tochiko's family.

2. Complète ces phrases en français:
   (a)   Tochiko habite ...
   (b)   La Roche-sur-Yon est ...
   (c)   Marie-Christine adore ...
   (d)   Les frères de Tochiko ...
   (e)   Mina a ...

Exercice 8.2

Regarde l'arbre généalogique au-dessous et réponds aux questions en français:
Study the family tree below and answer the questions in French:

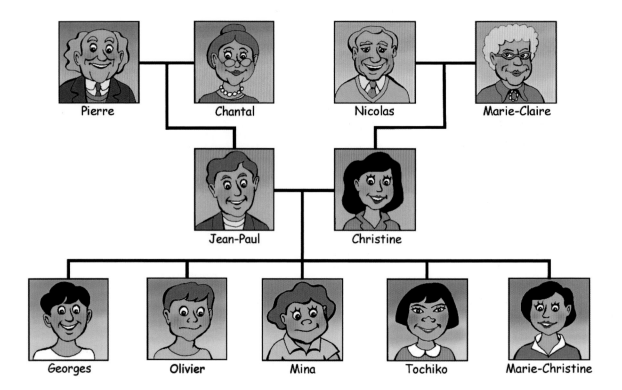

1. Comment s'appelle le père de Georges?
2. Comment s'appellent les grands-mères d'Olivier?
3. Qui sont Georges et Olivier?
4. Qui est Mina?
5. Qui est Christine?

Exercice 8.3

Passe le CD pour écouter le dialogue:

Mina est à l'école avec ses amies. C'est la récré. Elles discutent.

Mina.   Alors, tu es d'une famille nombreuse?
Alice.   Pas comme toi! Au fait, vous êtes combien?
Mina.   On est sept à la maison. Et on a nos grands-parents comme voisins!
Joséphine.   C'est incroyable! Tu habites une grande maison?
Mina.   Ah, oui. Il y a cinq chambres.
Alice.   Moi, chez nous, on est cinq. J'ai deux frères.
Mina.   Moi aussi, j'ai deux frères. Le cadet veut entrer dans la gendarmerie!
Joséphine.   Ta sœur aînée, elle s'appelle comment?
Mina.   Elle s'appelle Marie-Christine.

1.   How many people does Mina say are in her family?
2.   Who lives nearby?
3.   What does Mina's younger brother want to be?
4.   How many bedrooms are there in Mina's house?
5.   Who is Marie-Christine?

la récré	break-time
nombreux (f. nombreuse)	numerous
une famille nombreuse	a big family
au fait	in fact, by the way
on est sept	there are seven of us
on a	we have
un(e) voisin(e)	neighbour
incroyable	incredible
aîné(e)	eldest/elder
cadet(te)	youngest, younger
la gendarmerie	the police

À toi maintenant! Peux-tu décrire ta famille? C'est facile!

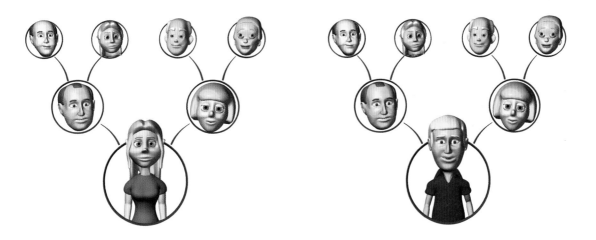

Voici encore quelques membres de la famille:

le mari	the husband	la femme	the wife
un oncle	an uncle	une tante	an aunt
le neveu	the nephew	la nièce	the niece
le cousin	the cousin (m.)	la cousine	the cousin (f.)
le fils	the son	la petite-fille	the granddaughter
le petit-fils	the grandson	les petits-enfants	the grandchildren
un demi-frère	a half/step-brother	une demi-sœur	a half/step-sister
un beau-père	a father-in-law/ step-father	une belle-mère	a mother-in-law/ step-mother

Exercise 8.4

1. Vrai ou faux? Copie et écris V ou F et puis traduis en anglais:

   (a) Mon oncle est la sœur de ma tante.
   (b) Ma belle-mère est la mère de mon père.
   (c) Mes grands-parents sont les parents de mes parents.
   (d) Ma cousine est la petite-fille de mon oncle et ma tante.
   (e) Ma tante est la sœur de mon père ou ma mère.

2. Dessine un arbre généalogique pour cette famille:

   Je m'appelle Sonia. J'ai un frère qui s'appelle Guy et une sœur qui s'appelle Marina. Mes parents s'appellent Jean-Jacques et Sandrine. Les parents de maman sont Alphonse et Léopoldine, et mes autres* grands-parents sont François et Marie-Claude. Et bien, voilà!

   *autre = other

3. Écris un paragraphe comme dans la question 2, pour décrire cet arbre généalogique:

   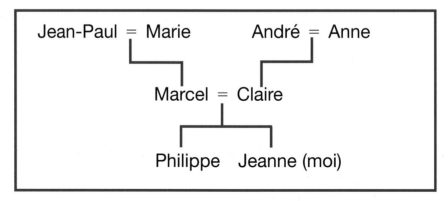

4. Écris une lettre à un copain ou une copine. Fais une description de ta famille.

Les animaux!

un chien

un chat

un lapin

un cheval

un poisson

un oiseau

un âne

un hamster

une araignée

une vache

une souris

une tortue

Note the following plurals:

un cheval   des chevaux
un oiseau   des oiseaux

Exercise 8.5

À toi. Regarde les dessins et réponds, comme dans les exemples.

Moi, j'ai un chien à la maison.
Moi, je n'ai pas de chat à la maison.

Exercice 8.6

Passe le CD pour écouter le dialogue:

Tochiko. Salut, Philippe!
Philippe. Tiens! Tochiko. Ça va?
Tochiko. Oui. Tu as des animaux à la maison?
Philippe. J'ai un chien, mais c'est difficile.
Tochiko. Pourquoi? Tu n'aimes pas ton chien?
Philippe. Si! J'adore les animaux, mais mes parents sont divorcés, alors à la maison il y a seulement mon père et moi...
Tochiko. Et ton papa, il travaille?
Philippe. Oui. Alors, ce n'est pas facile.

1. What does Tochiko ask Philippe about his dog?
2. Who lives with Philippe?
3. Why is having a dog not easy for them?

Et toi? Est-ce que tu as un animal ou des animaux à la maison?

Les questions

There are three ways of asking questions in French:

1. The Inversion method:

Statement	Tu as des animaux.	You have some animals.
Question	**As-tu** des animaux?	Have you any animals?

Here, we take the verb phrase and turn it round or invert it

2. The Est-ce que method:

Statement	Tu aimes le chocolat.	You like chocolate.
Question	**Est-ce que** tu aimes le chocolat?	Do you like chocolate?
Statement	Il aime la géographie.	He likes Geography.
Question	**Est-ce qu'**il aime la géographie?	Does he like Geography?

Here we place the phrase est-ce que before the verb. Note that est-ce que becomes est-ce qu' before a vowel or 'h'.

3. The Intonation method:

Statement	Tu vas au cinéma.	You are going to the cinema.
Question	Tu vas au cinéma?	Are you going to the cinema?

Here we use the tone of our voice to indicate a question.

NOTE: where the subject of the verb is a proper noun, it is best to use only methods 2 and 3.

- Est-ce que Charles mange au restaurant?
- Charles mange au restaurant?

You could also say 'Charles mange-t-il au restaurant?'

Exercice 8.7

Traduis en anglais:

1. Aimes-tu ton école?
2. Est-ce que les profs parlent anglais?
3. Nous allons à Paris cet après-midi?
4. Est-ce que tu aimes mon petit village?
5. Vous détestez les maths?
6. Habites-tu avec ta grand-mère?
7. Est-ce que tu peux manger une tartine?
8. Est-ce qu'Olivier va chez sa tante?
9. Est-ce que nous arrivons à Nantes à 13 h?
10. Le train arrive à Paris à 14 h?

Exercice 8.8

Pose les questions à ton ami:

1. Are you French?
2. Do you live in France?
3. Do you like school?
4. Are the teachers nice?
5. Do you eat croissants? And baguettes?
6. Do you have animals at home?
7. Do your friends like to play football?
8. Are you playing tennis?
9. Does your mother speak English?
10. Does she like France?

Exercice 8.9

Now that you know how to ask questions in French, use the following pictures as prompts to ask your partner some questions:

e.g.   Est-ce que tu aimes les ordinateurs?

Les verbes: écrire

The verb écrire is irregular. You have already met it in phrases such as Écris en anglais, but here it is in full:

écrire = to write

j'écris	nous écrivons
tu écris	vous écrivez
il écrit	ils écrivent
elle écrit	elles écrivent

Exercice 8.10

Rewrite these sentences as positive statements (that is not as questions or in the negative), then translate into English:

1. Papa ne veut pas écrire à M. Duval.
2. Est-ce que maman écrit à Jean-Luc?
3. Nous écrivons dans nos cahiers?
4. Est-ce que vous écrivez en français?
5. Joséphine et Nicolas n'écrivent pas à leur* tante. (* leur = their)

Exercice 8.11

Écris ces phrases en français:

1. Marie is writing to her grandmother.
2. We write to our pen friends.
3. I am writing in my exercise book.
4. They are writing a letter to Nicolas.
5. Antoine and Françoise are writing letters.

Exercice 8.12

Écris ces phrases au négatif et puis traduis en anglais:

1. Marie aime écrire à sa grand-mère.
2. La sœur de François mange à la cantine de l'école.
3. Nous rentrons à la maison.
4. Antoine et Chantal écrivent aujourd'hui.
5. Tu peux regarder la télévision après le dîner.
6. Le frère aîné de Christine s'appelle Jérôme.
7. Tochiko veut manger au restaurant ce soir.
8. L'oncle de Jules est très poli.

Exercice 8.13

Sépare les mots, écris les phrases et puis traduis en anglais:
Remember, proper names will need capital letters.

> jenesuispasanglaisjesuis
> françaisjhabiteànantesav
> ecmesdeuxfrèresetmas
> œurnousavonsdeuxchie
> nsetunchatquisappelletu
> rcetquialesyeuxbleus

Exercice 8.14

Passe le CD et lis le passage:

Les magasins à Nantes sont super. Il y a de bons magasins à La Roche-sur-Yon, mais je préfère Nantes parce qu'il y a un plus grand choix. Par exemple, il y a un magasin à La Roche-sur-Yon qui s'appelle 'Nos Amis les Animaux' où on trouve des chiots et des chatons et des hamsters. À Nantes, il y a des chiens, des chats, des hamsters, mais aussi des cochons d'Inde, des oiseaux, des poissons rouges et beaucoup d'autres animaux.

Aurélie, 10 ans, Belleville (Vendée)

Réponds aux questions:
1. Un chiot est un petit chien / chat / hamster.
2. Un chaton est un petit chien / chat / hamster.
3. Aurélie préfère les magasins de Nantes. Vrai ou faux?
4. Comment s'appelle le magasin d'animaux à La Roche?

le magasin	the shop	le chaton	the kitten
plus grand	bigger	le chiot	the puppy

Exercice 8.15

Travaillez à deux! Discutez de vos familles et vos animaux, comme dans l'exemple:

> «Vous êtes combien dans la famille?
> — On est trois. Ma mère, mon père, et moi.
> — Tu as des animaux?
> — Oui, j'ai un chien et deux chats.»

Vive la France!

Les animaux domestiques sont très importants en France. Il y a toutes sortes d'animaux: des chiens, des chats, des poissons rouges, des oiseaux, des souris … D'après un sondage récent, il y a quarante millions d'animaux domestiques en France!

(a)   Que comprends-tu?
       Écris deux ou trois lignes en anglais sur les animaux domestiques en France.

(b)   Trouve les deux intrus!
       un enfant   un bébé   un chat   une fille   un fils
       une nièce un oiseau   un neveu   un oncle   une tante

Vocabulaire 8

Des mots indispensables de ce chapitre:

un enfant	a child	la famille	the family
le fils	the son	la fille	the daughter
le frère	the brother	la grand-mère	the grandmother
le grand-père	the grandfather	la mère	the mother
le neveu	the nephew	la nièce	the niece
un oncle	an uncle	la sœur	the sister
le père	the father	la tante	the aunt

le chat	the cat	un oiseau (pl. oiseaux)	a bird
le chien	the dog	le poisson	the fish
le cheval (pl. chevaux)	the horse	la souris	the mouse
le lapin	the rabbit		

Des phrases utiles:

est-ce que: introduces a question
vous êtes combien? = how many of you are there?
chez moi = at my house
chez nous = at our house

Bravo!

Tu as fini le chapitre 8!

In the next chapter, you will find out how to talk about things that will happen in the future!

Chapitre 9

On se retrouve!

In this chapter, we shall look at arranging to meet and places to go. There are some new verbs, and we shall also begin work on talking about the future.

se retrouver	to meet up
qu'est-ce qu'on fait?	what shall we do?
demain	tomorrow
au cinéma	to the cinema
une idée	an idea

Exercice 9.1

Passe le CD pour écouter le dialogue:

Paul.   Alors, qu'est-ce qu'on fait demain?
Claire.   Ben ... On va à la patinoire?
Maurice.   Ah, non. Je n'aime pas ça. Je suis trop fatigué.
Anne.   On va au cinéma? Il y a un nouveau film de James Bond.
Paul.   Oui. Pourquoi pas? Bonne idée.
Claire   Le film commence à quelle heure?
Anne.   À vingt heures, je crois.
Maurice.   Et c'est à quel cinéma?
Anne.   Au Concorde à La Roche.
Paul.   Alors, on se retrouve où?
Maurice.   À l'arrêt de bus à sept heures et demie.
Anne.   Quel arrêt de bus?
Maurice.   Devant le Café des Sports. Rue des Acacias.
Paul.   Bon, d'accord. À demain!
Maurice.   À demain!

un arrêt de bus	a bus stop
la rue	the street
à demain	see you tomorrow

Réponds aux questions en anglais:

1. Where does Claire first suggest they go?
2. What's on at the cinema?
3. What time does it start?
4. Where is the bus stop?
5. When will they meet there?

À, au, aux

In French, the same words are used for saying 'to the (something)' as 'at the (something)'. This is because **à** means both 'to' and 'at'. When using **à**, note that à + le contract to **au** and à + les contract to **aux**.

Study the following:

On va **à la** piscine.	We go **to the** swimming pool.
On est **à la** plage.	We are **at the** beach.
On va **au** parc.	We go **to the** park.
On est **au** théatre.	We are **at the** theatre.
On va **à l'**église.	We go **to the** church.
On est **à l'**aéroport.	We are **at the** airport.
On va **aux** magasins.	We go **to the** shops.
On est **aux** écuries.	We are **at the** stables.

Exercice 9.2

Traduis en anglais:

1. On se retrouve au café.
2. Paul et Maurice mangent au restaurant.
3. Il y a un bon film au cinéma Concorde.
4. Anne ne va pas à l'église.
5. Claire et Paul vont au Café des Sports.
6. Nous n'allons pas aux écuries.
7. Il y a un arrêt de bus à l'église.
8. Le film commence au cinéma à vingt et une heures.
9. Papa arrive à l'aéroport à quatre heures et demie.
10. Il retrouve maman au parc.

Exercice 9.3

Traduis en français:

1. We go to the café.
2. We like to go to the cafés.
3. He gives the CD to his brother.
4. She is talking to Claire's brothers.
5. They are talking to Philippe's uncle.
6. Shall we meet at the swimming pool?
7. They are at the bus stop.
8. Are you going to the cinema, Nicolas?
9. We are going to the restaurant.
10. She is staying at home.

Exercice 9.4

Regarde les dessins. Avec un partenaire, prépare des conversations comme dans l'exemple:

«On se retrouve où?
– À la piscine.
– À quelle heure?
– À sept heures.
– D'accord. À la piscine à sept heures. Au revoir.»

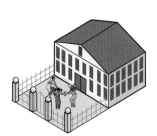

1. La piscine

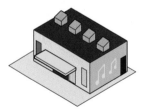

2. La discothèque

3. Le restaurant

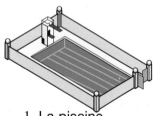

4. L'école

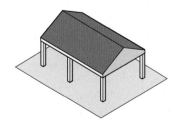

5. Le marché

6. L'église

J'ai faim!

The French for 'to be hungry' is avoir faim (to have hunger):

Le futur immédiat

The immediate future tense, as used in the dialogue above, expresses what *will* happen in the *future*. This tense is expressed in French by using the verb aller followed by an infinitive – which is exactly what we do in English:

PRESENT	FUTURE
I eat, am eating	I **am going** to eat
Je mange	Je **vais** manger

The immediate future tense of the verb manger could thus be written out as follows:

Je vais manger	nous allons manger
tu vas manger	vous allez manger
il va manger	ils vont manger
elle va manger	elles vont manger

Note the position of the ne and pas in the negative forms:

Je **ne** vais **pas** manger
Tu **ne** vas **pas** manger

Exercice 9.5

Passe le CD pour écouter le dialogue:

aller à la pêche	to go fishing	fais voir!	let's have a look!
pêcher un poisson	to catch a fish	un serpent	a snake
un poisson	a fish		

Réponds en anglais:

1. What does Daniel say he's going to do?
2. What does Josette ask to see?
3. What does Josette say to her mother first?
4. What does Josette's mother say that shows she is not really listening?
5. What does Josette then say to shock her mother?

Exercice 9.6

Traduis en français:

1. I'm going to watch the television.
2. She's going to speak to the boy.
3. He goes to church on Sundays.
4. He doesn't go to school on Saturdays.
5. She's not going to listen.
6. Is Daniel going to the swimming pool?
7. Is Josette going to look for snakes?
8. What are we going to do?
9. Do you want to go to the café?
10. What time are we going to eat?

Exercice 9.7

Fais correspondre les deux moitiés des phrases:

1. Qu'est-ce qu'on
2. On peut aller au
3. Tu veux aller à la
4. Le film commence à
5. On se retrouve à l'

(a) piscine?
(b) huit heures et demie.
(c) arrêt de bus.
(d) fait après le petit déjeuner?
(e) restaurant?

Exercice 9.8

Déchiffre ces destinations!

Each one is a phrase containing au, à la, or aux:

1. aémucina
2. palàcinesi
3. untaersaratu
4. étuhrâeta
5. gumaanissxa

6. atrnceeproftuis
7. féauac
8. acpura
9. iroanltaeàpi
10. bulcua

Exercice 9.9

Traduis en français:

1. At the church.
2. Do you want to go fishing?
3. After school.
4. Where shall we meet?
5. Let's meet.
6. At the bus stop.
7. The film starts.
8. At what time?

Exercice 9.10

Écris ces phrases au futur immédiat et puis traduis en anglais:
Exemple: Je regarde le film. – Je **vais regarder** le film. = I am going to watch the film.

1. Tu trouves le film très intéressant.
2. Nous regardons la télévision ce soir.
3. Elle mange à la maison avant le film.
4. Il chante avec le groupe de Jean-Paul?
5. Oui, je chante avec le groupe lundi soir.
6. Maman écoute la radio.
7. Nous habitons à Paris.
8. Paul donne un CD à Christine.
9. Vous achetez une bicyclette?
10. Oui. Nous achetons une bicyclette en ville.

Exercice 9.11

Quelle phrase ne va pas avec les autres et pourquoi?

1. J'adore les sciences, surtout la chimie.
2. Moi, j'aime la géographie. C'est passionnant!
3. Je suis sportif. J'aime les cours de gymnastique.
4. J'adore les bananes. Et tous les autres fruits!
5. Moi, j'aime beaucoup le latin. C'est fascinant.

passionnant(e)	exciting
le cours	lesson, class
la gymnastique	gymnastics
fascinant(e)	fascinating

Exercice 9.12

Copie avec l'expression correcte pour 'to/at the …' et puis traduis en anglais:

1. J'aime aller .... restaurant quand j'ai faim.
2. On va tous les jours .... école en voiture.
3. .... parc il y a toujours quelque chose à faire.
4. Je vais regarder le film .... cinéma.
5. Vous allez manger .... café?
6. On va écouter un bon concert .... radio.
7. On se retrouve .... club de squash à 18 h.
8. Nous allons .... magasins les lundis.
9. On va .... piscine samedi?
10. Non, je ne peux pas. Nous allons .... plage.

Vive la France

En 1515, on commence la construction du Château de Chenonceau, au bord de la Loire, un des fleuves principaux de la France. Les châteaux de la Loire sont magnifiques. Ils sont très fréquentés par les Français et par les touristes du monde entier.

(a)   Que comprends-tu? Écris quelques lignes en anglais sur les châteaux de la Loire.

(b)   Copie et complète:

Tu veux aller à un ...t de musique?
Où ...s-tu? Moi, j'habite à Paris.
Quel ... as-tu?
On va à Paris par le ...GV.
Il y a un bon restaurant ... ville.
On se retrouve ... café?
La Loire est ... fleuve.

(c)   Take the first letter of each answer in (b) to spell a tourist attraction!

(d)   Écris en français:

on the banks of
one of the main rivers
they are very often visited
in 1515

Vocabulaire 9

Des mots indispensables de ce chapitre:

le café	the café	plus tard	later
le cinéma	the cinema	où	where
une église	a church		
le magasin	the shop	**Des verbes indispensables:**	
le parc	the park	chercher	to look for
la patinoire	the skating rink	commencer	to begin
la piscine	the swimming pool	se retrouver	to meet up
la rue	the street		
le restaurant	the restaurant		
la ville	the town		

Des phrases utiles:

bonne idée! = good idea!
d'accord! = OK! (I agree)
j'ai faim = I'm hungry
on se retrouve où? = where shall we meet?
on va à ... ? = shall we go to ... ?

Bravo!

Tu as fini le Chapitre 9!

In the next chapter, you will learn two new verb groups and work on the topic of free-time activities.

Chapitre 10

Les activités

In this chapter, we shall look at what people like to do in their free time. There are also two new verb groups to learn.

Exercice 10.1

Passe le CD pour écouter le dialogue:

Philippe.   Tu joues au ping-pong avec ta sœur?
Marcel.   Oui. Et au tennis parfois. Ça dépend.
Philippe.   Et c'est toi qui gagnes?
Marcel.   Non! Ben … pas toujours!
Philippe.   On joue au tennis aujourd'hui?
Marcel.   Non, je ne peux pas. Je vais faire mon latin cet après-midi.
Philippe.   D'accord.

(au téléphone:)
Henri.   Écoute, Philippe! Tu veux venir chez moi avec Marcel?
Philippe.   Oui, je veux bien. Mais Marcel ne peut pas. Il va faire ses devoirs.

1.   What sports does Marcel play with his sister?
2.   Does he always win?
3.   What is Marcel doing this afternoon?
4.   What does this prevent him from doing?
5.   What does Henri suggest on the telephone?

parfois	sometimes
gagner	to win
venir	to come

Les verbes de groupe 2 (IR)

So far, most of the verbs which you have met have either been ER (1st group) verbs, or else they have been irregular. We are now going to meet a second regular verb group: IR (2nd group) verbs. Rather like ER (1st group) verbs, these verbs follow a pattern of endings which the other verbs in the group share.

IR verbs all follow the pattern of finir. The endings are shown in red:

finir = to finish

je	finis	nous	finissons
tu	finis	vous	finissez
il	finit	ils	finissent
elle	finit	elles	finissent

Exercice 10.2

Write out two of the following verbs:

1. finir = to finish
2. choisir = to choose
3. remplir = to fill
4. punir = to punish

Exercice 10.3

Traduis en anglais:

1. Tu finis tes devoirs?
2. Elle choisit un gâteau.
3. Nous remplissons les verres.
4. Ils punissent les élèves.
5. On finit le déjeuner.
6. Elle ne punit pas la fille.
7. On choisit un cadeau pour maman.
8. Tu remplis mon verre, s'il te plaît.
9. Vous ne choisissez pas un CD?
10. Je ne punis pas mon chien.

Exercice 10.4

Traduis en français:

1. He chooses a present.
2. I fill your glass.
3. You (sing.) punish the naughty pupil.
4. They (fem.) finish the homework.
5. We (using on) choose our breakfast.
6. You (pl.) don't finish your homework.
7. I don't choose my lunch.
8. Does she punish the pupils?
9. Do they finish the homework? (fem.)
10. You (sing.) fill his glass.

Les activités: jouer et faire

To talk about the things we do (or are going to do) in our free time, we use two verbs – jouer and faire:

(i)   Jouer means 'to play'; in French, one plays *at the* sport and jouer is thus followed by au (m.), à la (f.), or aux (pl.), depending on the gender and number of the noun that follows.

(ii)   Faire (to do) is used in French where we in English often say 'go', for example 'go cycling', 'go for a walk' etc.

For example:

    jouer au football (m.) = to play football
    jouer au tennis (m.) = to play tennis
    jouer au rugby (m.) = to play rugby
    jouer aux boules (pl.) = to play boules
    jouer aux échecs (pl.) = to play chess

    faire un tour = to go around (a place)
    faire une promenade = to go for a walk
    faire du vélo / du cyclisme = to go cycling
    faire du ski = to go skiing

Exercice 10.5

À toi. Qu'est-ce que tu fais après les cours?

Exercice 10.6

Réunis les deux moitiés des phrases et puis traduis en anglais:

1.	Pourquoi tu ne vas pas	(a)	fais du vélo.
2.	Michel et Sonia	(b)	joue au rugby.
3.	Philippe	(c)	jouer au tennis ce soir?
4.	Je vais faire	(d)	font une promenade.
5.	Après les cours je	(e)	un tour de Paris.

Exercice 10.7

Écris les phrases avec la forme correcte de 'jouer' ou 'faire':

1. Monsieur Blériot .... au tennis avec son amie.
2. Madame Colette .... une promenade.
3. Nous .... aux échecs après les cours.
4. Nous allons .... au rugby demain.
5. Ton prof adore .... du ski.

Exercice 10.8

Traduis en français:

1. I like playing football.
2. Pauline loves swimming in the swimming pool.
3. Do you want to go for a walk?
4. We're going to go cycling.
5. Mum and Dad don't like playing tennis.

Pauline aime nager

Exercice 10.9

Écris ces phrases au futur immédiat:

1. Je joue au football.
2. Nous faisons une promenade.
3. Vous jouez au rugby?
4. Elles font du vélo.
5. On joue au tennis.

Exercice 10.10

Traduis en français:

1. We are going to the cinema tomorrow.
2. Do you want to go cycling with me?
3. My parents are going to go for a walk after lunch.
4. My friends are going to play tennis at Michel's house.
5. I am not going to play football today.

Les verbes de groupe 3 (RE)

The third and final group of verbs to learn (regular RE verbs) all follow the pattern of vendre. The endings are shown in red, but note that there is no ending in the 3rd person singular.

vendre = to sell			
je	vends	nous	vendons
tu	vends	vous	vendez
il	vend	ils	vendent
elle	vend	elles	vendent

Most RE verbs are regular, but watch out for a few irregular ones such as prendre = 'to take' and, of course, être = 'to be'.

In the days when we all thought more about steamships than we do now (remember the S.S. Titanic?) we learnt the RE verb endings by chanting:

   's - s - nothing - ons - ez - ent'.

Try this, if you like, but don't be surprised if people give you an odd look!

Exercice 10.11

Write out two of the following verbs:

1. rendre = to hand in (e.g. homework) / to give back
2. descendre = to go down(stairs)
3. attendre = to wait for
4. entendre = to hear
5. vendre = to sell
6. répondre = to answer

Exercice 10.12

Traduis en anglais:

1. On n'attend pas le bus ici.
2. Tu entends? Il est dix heures.
3. Elle descend à la cuisine.
4. Monsieur Barreau vend sa voiture.
5. Tu ne rends pas ton cahier?

Exercice 10.13

Traduis en français:

1. I am going to hand in my exercise book after lunch.
2. We go downstairs at 8.00 a.m.
3. Mum is going to wait for Philippe at our house.
4. Sophie and Claire can't hear the car.
5. Are you selling the house, Dad?

Exercice 10.14

Écris ces phrases à l'interrogatif et puis traduis en anglais:

1. Tu peux jouer aux échecs avec Paul.
2. Vous voulez voir un film ce soir à la télé.
3. Simone va au théâtre samedi soir.
4. Tu fais du cyclisme après les cours.
5. On peut jouer au rugby à l'école.

Exercice 10.15

Passe le CD pour écouter le dialogue:

Philippe.   Alors, tu finis tes devoirs cet après-midi, c'est ça?
Marcel.   Oui. Après ça je vais chez Henri.
Philippe.   Impeccable! Tu as toujours mon CD de Banango?
Marcel.   Ben … Oui! Je vais rendre ton CD cet après-midi!
Philippe.   Alors, tu vas finir quand, Marcel?
Marcel.   Je ne sais pas.
Henri.   Moi, je vais jouer au foot.
Philippe.   Bon, d'accord.

Marcel fait son latin, mais Philippe veut aller jouer au football chez Henri. Philippe va chez son ami. Il arrive vers deux heures de l'après-midi. Plus tard, à 15 heures, Marcel finit ses devoirs, donc il va chez Henri et les trois copains écoutent un CD d'un groupe qui s'appelle Banango. Plus tard, ils sortent dans le jardin d'Henri où ils jouent au foot. Marcel marque un but. Philippe aime écouter des disques, mais il préfère jouer au football. Henri aussi.

on y va?	shall we go (there)?
c'est ça?	is that right?
impeccable	brilliant
tu as toujours ...	you still have ...
vers	towards
vers deux heures	about two o'clock
plus tard	later
marquer un but	to score a goal

1.   What is Marcel doing before going to Henri's house?
2.   When is he giving back Philippe's CD?
3.   What does Philippe's sister think of Banango? (Look at the cartoon.)
4.   When does Philippe get to Henri's house?
5.   What do the boys do at 3.00 p.m.?
6.   Who scores a goal later on?

Exercice 10.16

À toi, maintenant.
Qu'est-ce que tu veux faire pendant les vacances?

Vive la France

Un des plaisirs d'un séjour en France est la cuisine. Au restaurant et à la maison, les Français aiment bien manger. Quand on visite la France, il est préférable d'apprécier la cuisine de la région et de boire son vin. Les Français détestent manger vite: un repas, c'est aussi une occasion pour discuter et pour se détendre en famille ou avec des amis.

(a)　Que comprends-tu? Écris quelques lignes en anglais sur la cuisine française.

(b)　Learn these words which indicate the stages of a meal or categories of food; then design your own menu, in French. We have given you the names of some typical French dishes, but you may wish to add others that you know. Many British supermarkets sell a wide variety of French cheeses. See how many you can find. (Note that, in France, they always have the cheese before the dessert course.)

Des entrées:

les escargots	snails
les moules	mussels
le pâté maison	home-made pâté

Des plats principaux:

le coq au vin	chicken cooked in wine
le bœuf bourgignon	beef cooked in wine
le steak au poivre	steak with peppercorn sauce
la truite aux amandes	trout with almonds

Des fromages:

le Camembert, le Roquefort, le Brie

Des desserts:

la crème brûlée	caramelised cream
la tarte aux pommes	apple tart
la glace	ice-cream

Vocabulaire 10

Des mots indispensables de ce chapitre:

jouer au football	to play football	faire une promenade	to go for a walk
jouer au tennis	to play tennis	faire du vélo	to go cycling
jouer au rugby	to play rugby	faire du ski	to go skiing

Des verbes de groupe 2 (-IR):

punir	to punish
choisir	to choose
finir	to finish
remplir	to fill

Des verbes de groupe 3 (-RE):

descendre	to go down
entendre	to hear
attendre	to wait (for)
vendre	to sell

Des phrases utiles:

après ça	after that
donc	so (therefore)
cet après-midi	this afternoon
on y va?	shall we go?

Au restaurant:

la cuisine française	French cooking
le fromage	the cheese
la glace	the ice-cream

Bravo!

Tu as fini le chapitre 10!
You are now ready to move on to Book 2, so à bientôt!

Summary of grammar

Tu or vous ? How to say 'you'

tu   is for a young person of your age, a member of your family, or a pet.

vous is for any adult you don't know well (a teacher, shopkeeper etc.) or for more than
      one person.

Adults use vous for speaking to another adult until they know him/her well.

How to say 'the'

le	is for a masculine noun in the singular	le disque
la	is for a feminine noun in the singular	la radio
l'	is for a singular noun beginning with a vowel or 'h'	l'école, l'hôtel
les	is for all plural nouns	les vélos

How to say 'a'

| un | is for a masculine noun | un hôtel |
| une | is for a feminine noun | une forêt |

How to say 'some'

du	is for a masculine noun in the singular	du lait
de la	is for a feminine noun in the singular	de la salade
de l'	is for a singular noun beginning with a vowel or 'h'	de l'argent
des	is for all plural nouns	des oranges

Note that in English we often leave out the word 'some'; it is never left out in French:

e.g.   You have some books and pencils. = Tu as **des** livres et **des** crayons.

How to make nouns plural

To make a noun plural, we usually just add 's':	un livre, des livres
Nouns ending in '–eau' add '–x':	un cadeau, des cadeaux
Most nouns ending in '–al' change '–al' to '–aux':	un cheval, des chevaux

How to say 'my', 'your', 'his' and 'her'

The secret of success with all these words is knowing the gender of the noun that comes after them.

My

'My' followed by a masculine singular noun is mon:

mon livre = my book.

'My' followed by a feminine singular noun is usually ma:

ma sœur = my sister.

However, 'my' followed by a feminine noun beginning with a vowel or 'h' is mon:

mon amie = my friend.

'My' followed by a plural noun is mes:

mes livres = my books.

Your

The words for 'your', ton, ta, tes, work in exactly the same way:

ton livre = your book

ta sœur = your sister, but ton amie = your girlfriend

tes livres = your books

His/her

The word for 'his' and 'her' is the same in French. When followed by a masculine noun, it is son:

son livre = his/her book.

The word for 'his' or 'her' followed by a feminine noun is sa:

sa sœur = his/her sister.

The word for 'his' or 'her' followed by a feminine noun beginning with a vowel or 'h' is son:

son amie = his/her girlfriend.

How to say 'here is' / 'here are', and 'there is' / 'there are'

When pointing to things:

voici   here is/here are

voilà   there is/there are (N.B. voilà! also means : 'there you are!')

e.g. Voilà un chien. = There is a dog (over there).

When giving information:

il y a   there is/there are

e.g. Il y a un chien dans le jardin. = There is a dog in the garden.

e.g. Il y a des araignées dans ma chambre. = There are spiders in my bedroom.

How to say 'not' – the negative

Put ne before the verb and pas after it:

> Je ne sais pas = I don't know

If there is an infinitive, put ne and pas around the verb *before* the infinitive:

> Je ne vais pas chanter = I am not going to sing

Adjectives

Adjectives are words describing nouns:

> le chien noir = the black dog

Normal rules:

1. Most adjectives go after the noun they describe, as above.
2. Several adjectives go before the noun; the following rhyme (courtesy of J.R. Watson) will help you to remember the main ones:

   mauvais, méchant, vilain, beau,

   petit, haut, vieux, joli, gros,

   nouveau, gentil, jeune et bon,

   grand, meilleur, vaste et long.

3. All adjectives **agree** with the noun they describe, i.e. they take the same gender (masculine or feminine) and number (singular or plural).

   The normal rule is: add –e to make it feminine, –s to make it masculine plural and –es to make it feminine plural:

   grand   grande   grands   grandes

Many adjectives that we use regularly have irregular feminines (see Chapter 5).
e.g.   blanc   blanche

How to ask questions – the interrogative

There are 3 ways to ask a question:

1. Reverse the order of person and verb (the inversion method)
2. Put Est-ce que… before the sentence (the Est-ce que method)
3. Use your tone of voice (the intonation method)

Examples:

> Veux-tu un bonbon?
> Est-ce que tu veux un bonbon?
> Tu veux un bonbon?

How to say 'to the' or 'at the'

The French for 'to the' or 'at the', followed by a masculine noun, is au:

> au cinéma = to/at the cinema

The French for 'to the' or 'at the', followed by a feminine noun, is à la:

> à la piscine = to/at the swimming pool

The French for 'to the' or 'at the', followed by a plural noun, is aux:

> aux magasins = to/at the shops

The future tense, using aller + infinitive

To talk about things that are *going to* happen, use the present tense of aller, then add the infinitive of whatever is going to happen:

> je vais vendre = I am going to sell

Talking about 'DOING' activities: aller, faire or jouer?

The French for 'to play' is jouer. In French one plays **at** a sport, and because sports in French tend to be masculine, jouer is regularly followed by au:

> jouer au football = to play football

> jouer au ping-pong = to play table tennis

The French for 'to go' is aller:

> aller à la peche = to go fishing

However, for several activities where in English we use the verb 'to go', in French they use faire:

> faire du cheval = to go riding　　faire du ski= to go skiing

> faire un pique-nique = to go for a picnic　faire une promenade = to go for a walk

Prepositions

A preposition is a word that tells us where something is in relation to something else:

> dans = in　　　　　　　　　　　sur = on

> derrière = behind　　　　　　　　sous = under

> devant = in front of　　　　　　　entre = between

> à côté de = beside, next to

Conjunctions

A conjunction is a word that links ideas together in a sentence:

> mais = but　　　　　　　　　　parce que = because

> si = if　　　　　　　　　　　　car = for, because

> et = and

Verb tables

Pronouns

Verbs are formed in French by using pronouns in front of the verb and adding endings to the verb stem to show who or what is doing the verb. The pronouns are as follows:

	singular		**plural**	
1st person	je	I	nous	we
2nd person	tu	you (singular)	vous	you (plural)
3rd person	il	he	ils	they (masculine)
	elle	she	elles	they (feminine)
	on	one, we		

Note:

1. The pronoun je becomes j' before a noun or 'h'.
   e.g. I arrive. = J'arrive.
2. The pronoun on is used very extensively in French with a 3rd person verb form as an alternative to nous (we), or when no particular group of people is specified.
   e.g. We play football. = On joue au football.
3. In the tables below, elle, elles and on have been left out. This is deliberate: elle and on always have the same verb parts as il, and elles is always the same as ils.

Regular verbs

There are three main groups of verbs: -ER (1st group), -IR (2nd group) and -RE (3rd group). There are many verbs in each group. All verbs in a certain group have the same endings, so you only need to learn the endings once.

1st group: -ER

regard**er**: to watch, look at

Present tense

je	regard-**e**	I watch	nous	regard-**ons**	we watch
tu	regard-**es**	you watch	vous	regard-**ez**	you watch
il	regard-**e**	he watches	ils	regard-**ent**	they (masc.) watch

2nd group: -IR

fin**ir**: to finish

Present tense

je	fin-**is**	I finish	nous	fin-**issons**	we finish
tu	fin-**is**	you finish	vous	fin-**issez**	you finish
il	fin-**it**	he finishes	ils	fin-**issent**	they (masc.) finish

3rd group: -RE

vend**re**: to sell

Present tense

je	vend-**s**	I sell	nous	vend-**ons**	we sell	
tu	vend-**s**	you sell	vous	vend-**ez**	you sell	
il	vend	he sells	ils	vend-**ent**	they (masc.) sell	

Reflexive verbs

Reflexive verbs are used when the action of the verb happens to the subject of that verb. They use reflexive pronouns as follows:

se laver: to wash (oneself)

Present tense

je **me** lave	I wash (myself)	nous **nous** lavons	we wash (ourselves)
tu **te** laves	you wash (yourself)	vous **vous** lavez	you wash (yourselves)
il **se** lave	he washes (himself)	ils **se** lavent	they (masc.) wash (themselves)

Note that the verb itself takes endings in the normal way. Any verb can be made reflexive, as long as it makes sense!

e.g.   Je lave le chien. = I wash the dog.
        Je me lave. = I wash (myself).

Irregular verbs

Irregular verbs are those that do not follow the patterns of the three main groups. They are often the most commonly used. The four most important are **avoir, être, aller** and **faire**:

avoir: to have

j'ai	nous avons
tu as	vous avez
il a	ils ont

être: to be

je suis	nous sommes
tu es	vous êtes
il est	ils sont

aller: to go

je vais	nous allons
tu vas	vous allez
il va	ils vont

faire: to do/make

je fais	nous faisons
tu fais	vous faites
il fait	ils font

The following irregular verbs should be learnt by heart:

boire: to drink

je bois	nous buvons
tu bois	vous buvez
il boit	ils boivent

croire: to believe

je crois	nous croyons
tu crois	vous croyez
il croit	ils croient

courir: to run

je cours	nous courons
tu cours	vous courez
il court	ils courent

devoir: to have to/must

je dois	nous devons
tu dois	vous devez
il doit	ils doivent

dire: to say

je dis	nous disons
tu dis	vous dites
il dit	ils disent

écrire: to write

j'écris	nous écrivons
tu écris	vous écrivez
il écrit	ils écrivent

mettre: to put (on)

je mets	nous mettons
tu mets	vous mettez
il met	ils mettent

lire: to read

je lis	nous lisons
tu lis	vous lisez
il lit	ils lisent

pouvoir: to be able

je peux	nous pouvons
tu peux	vous pouvez
il peut	ils peuvent

prendre: to take

je prends	nous prenons
tu prends	vous prenez
il prend	ils prennent

sortir: to go out

je sors	nous sortons
tu sors	vous sortez
il sort	ils sortent

venir: to come

je viens	nous venons
tu viens	vous venez
il vient	ils viennent

voir: to see

je vois	nous voyons
tu vois	vous voyez
il voit	ils voient

vouloir: to wish

je veux	nous voulons
tu veux	vous voulez
il veut	ils veulent

ouvrir: to open

j'ouvre	nous ouvrons
tu ouvres	vous ouvrez
il ouvre	ils ouvrent

dormir: to sleep

je dors	nous dormons
tu dors	vous dormez
il dort	ils dorment

Vocabulaire français - anglais

A

à, *prep.* = to, at
    à 3 km = 3 km away
    à bientôt! = see you soon!
    à côté de = beside, next to
    à toi de … = it's your turn to …
absent(e), *adj.* = absent
acheter, *v.t.* = to buy
actif (*m.*), active (*f.*), *adj.* = active
activité, *n.f.* = activity
adjectif, *n.m.* = adjective
admis = admitted
adolescent(e), *n.m./n.f.* = teenager
adopté(e), *adj.* = adopted
adorer, *v.t.* = to love
aéroport, *n.m.* = airport
affirmatif (*m.*), affirmative (*f.*), *adj.* = positive
âge, *n.m.* = age
agréable, *adj.* = nice, pleasant
aider, *v.t.* = to help
aimable, *adj.* = nice, kind
aimer, *v.t.* = to like
aîné(e), *adj.* = elder, older, eldest, oldest
algérien(ne), *adj.* = Algerian
Allemagne, *n.f.* = Germany
allemand, *n.m.* = German (language)
allemand(e), *adj.* = German
aller, *v.i.* (irreg.) = to go
    aller à la pêche = to go fishing
    on y va = let's go
alors, *adv.* = so, then, right then!
ami, *n.m.*, amie, *n.f.* = friend
amicalement, *adv.* = with best wishes (on letter)
amitiés, *n.f.pl.* = best wishes (on letter)
amusant(e), *adj.* = amusing
an, *n.m.* = year
ancien (*m.*), ancienne (*f.*), *adj.* = old, former
âne, *n.m.* = donkey
anglais, *n.m.* = English (language)
anglais(e), *adj.* = English
Anglais, *n.m.*, Anglaise, *n.f.* = English person
Angleterre, *n.f.* = England
animal (*pl.* animaux), *n.m.* = animal
anniversaire, *n.m.* = birthday
appeler, *v.t.* = to call
apprendre, *v.t.* (irreg.; goes like prendre) = to learn

après, *prep.* = after
après-midi, *n.m.* = afternoon
araignée, *n.f.* = spider
arbre, *n.m.* = tree
    arbre généalogique, *n.m.* = family tree
archi- = extremely (+ *adj.*)
argent, *n.m.* = money, silver
arrêt de bus, *n.m.* = bus stop
arrêter, *v.t.* = to stop
arriver, *v.i.* = to arrive, to happen
arriver à, *v.i.* (+ infin.) = to manage to
assez (de), *adv.* = enough
assez (+ *adj.*), *adv.* = quite …
assiette, *n.f.* = plate
attendre, *v.t.* = to wait for
au, *prep.* = to the, at the
au-dessous, *adv.* = below
au-dessous de, *prep.* = below
au-dessus, *adv.* = above
au-dessus de, *prep.* = above
au fait = in fact, by the way
au revoir! = goodbye!
aujourd'hui = today
aussi = also, too
autre, *adj.* = other
aux, *prep.* = to the (*pl.*)
avant, *prep.* = before
    avant de (+ infin.) = before …ing
avec, *prep.* = with
avion, *n.m.* = aeroplane
avoir, *v.t.* (irreg.) = to have
    avoir chaud = to be hot
    avoir faim = to be hungry
    avoir peur = to be afraid
    avoir raison = to be right

B

baguette, *n.m.* = baguette (a long French loaf)
bain, *n.m.* = bath
banane, *n.f.* = banana
bande dessinée, *n.f.* = strip cartoon
basket, *n.m.* = basketball
baskets, *n.m.pl.* = trainers
bateau, *n.m.* = boat
bavard(e), *adj.* = chatty, talkative
beau (*m.*), belle (*f.*), *adj.* = handsome, beautiful

beaucoup de = a lot of, many, lots of
beau-frère, *n.m.* = brother-in-law
beau-père, *n.m.* = father-in-law, step-father
bébé, *n.m.* = baby
bel (*m.* before a vowel) = handsome, beautiful
belle-fille, *n.f.* = daughter-in-law
belle-mère, *n.f.* = mother-in-law, step-mother
belle-sœur, *n.f.* = sister-in-law
ben ... = um ... (hesitating)
bête, *n.f.* = animal
bête, *adj.* = silly
beurre, *n.m.* = butter
bibliothèque, *n.f.* = library, bookshelf
bicyclette, *n.f.* = bicycle
bien = well, good
bien sûr = of course
bientôt = soon
bijoutier, *n.m.* = jeweller
billet, *n.m.* = ticket
biologie, *n.f.* = biology
blanc (*m.*), blanche (*f.*), *adj.* = white
bleu(e), *adj.* = blue
blond(e), *adj.* = blonde, fair
blouson, *n.m.* = short jacket (with a zip)
boire, *v.t.* (irreg.) = to drink
bol, *n.m.* = bowl
bon (*m.*), bonne (*f.*), *adj.* = good, right, correct
bonbon, *n.m.* = sweet
bonjour = hello
bonsoir = good evening
bottes, *n.f.pl.* = boots
bouche, *n.f.* = mouth
boucle d'oreille, *n.f.* = earring
bouclé(e), *adj.* = curly
boulanger, *n.m.* = baker
boulangerie, *n.f.* = baker's shop
boule, *n.f.* = ball used in game of boules; a round loaf
boutique, *n.f.* = shop
bras, *n.m.* = arm
bracelet, *n.m.* = bracelet
bravo! = well done!
bronzé(e), *adj.* = tanned
brun(e), *adj.* = brown
bureau, *n.m.* = office, large desk
but, *n.m.* = goal

C

c'est = it is
ça alors! = good grief! well, I never!
ça va = it's OK, I'm fine etc.
ça y est! = that's it!, that's done!
cadeau (*pl.* cadeaux), *n.m.* = present, gift
cadet (*m.*), cadette (*f.*), *adj.* = younger, youngest

café, *n.m.* = coffee, café (bar)
cafetière, *n.f.* = coffee pot
cahier, *n.m.* = exercise book
calculatrice, *n.f.* = calculator
canadien (*m.*), canadienne (*f.*), *adj.* = Canadian
cantine, *n.f.* = (school) dining room
car = for, because
cartable, *n.m.* = school bag
carte, *n.f.* = card, menu, map
CD, *n.m.* = CD
ce (*m.*) = this, that
ceinture, *n.f.* = belt
célèbre, *adj.* = famous
cent, *adj./n.m.* = hundred
centime, *n.m.* = cent
centre sportif, *n.m.* = sports centre
centre-ville, *n.m.* = town centre
céréales, *n.f.pl.* = breakfast cereal
ces = these, those (+ noun)
cet (*m.* + vowel), cette (*f.*) = this, that
chacun(e) = each one
chaise, *n.f.* = chair
chambre, *n.f.* = bedroom
chanter, *v.t.* = to sing
chapeau (*pl.* chapeaux), *n.m.* = hat
chapelle, *n.f.* = chapel
chapitre, *n.m.* = chapter
chaque = each
chat, *n.m.* = cat
châtain, *adj.* = mid-brown (hair)
château, *n.m.* = castle, chateau
chaton, *n.m.* = kitten
chaud(e), *adj.* = hot
chaussettes, *n.f.pl.* = socks
chaussures, *n.f.pl.* = shoes
chauve, *adj.* = bald
chemise, *n.f.* = shirt
cher (*m.*), chère (*f.*), *adj.* = dear, expensive
chercher, *v.t.* = to look for, to fetch
chéri(e), *n.m./n.f.* = darling
cheval (*pl.* chevaux), *n.m.* = horse
cheveux, *n.m.pl.* = hair
chez = to / at the house/shop of ...
    chez moi = to/at my house
    chez toi/vous = to/at your house
chic, *adj.* = smart, trendy
chien, *n.m.* = dog
chiffre, *n.m.* = number, figure, statistic
chimie, *n.f.* = chemistry
chiot, *n.m.* = puppy
chocolat, *n.m.* = chocolate
choisir, *v.t.* = to choose
choix, *n.m.* = choice

chose, *n.f.* = thing
chouette! = brilliant!
cinéma, *n.m.* = cinema
cinq = five
cinquante = fifty
clair, *adj.* = light (colour)
classe, *n.f.* = class
clavier, *n.m.* = keyboard
cochon d'Inde, *n.m.* = guinea-pig
cœur, *n.m.* = heart
collège, *n.m.* = school (secondary)
combien, *adv.* = how much, how many
comme, *adv.* = as, like
commencer, *v.t.* = to begin
comment, *adv.* = how
compléter, *v.t.* = to complete
comprendre, *v.t.* (irreg.) = to understand
confiture, *n.f.* = jam (food)
confortable, *adj.* = comfortable
content(e), *adj.* = happy
cool, *adj.* = cool
copain, *n.m.* = (male) friend
copier, *v.t.* = to copy
copine, *n.f.* = (female) friend
correspondant(e), *n.m./n.f.* = pen friend
corriger, *v.t.* = to correct
costaud(e), *adj.* = stocky
costume, *n.m.* = suit, outfit
côté/à côté de = beside, next to
coucher, *v.i.* = to spend the night
    se coucher, *v.r.* = to go to bed
couloir, *n.m.* = corridor
cour, *n.f.* = courtyard, playground
cours, *n.m.* = lesson
court(e), *adj.* = short
cousin, *n.m.* = (male) cousin
cousine, *n.f.* = (female) cousin
couteau (*pl.* couteaux), *n.m.* = knife
coûter, *v.t./v.i.* = to cost
cravate, *n.f.* = tie
crayon, *n.m.* = pencil
créer, *v.t.* = to create
croire, *v.i.* (irreg.) = to believe
croissant, *n.m.* = croissant
cuiller/cuillère, *n.f.* = spoon
cuisine, *n.f.* = kitchen, style of cooking
cyclisme, *n.m.* = cycling

D

d'accord = I agree, okay
d'après = according to
d'habitude = usually
dangereux (*m.*), dangereuse (*f.*), *adj.* = dangerous

dans, *prep.* = in, into
danser, *v.i.* = to dance
date, *n.f.* = date
de, *prep.* = of, from, belonging to
débarrasser, *v.t.* = to clear away
début, *n.m.* = beginning
déchiffrer, *v.t.* = to unjumble
découvrir, *v.t.* (irreg.) = to discover, to uncover
décrire, *v.t.* (irreg.) = to describe
déjà, *adv.* = already
déjeuner, *n.m.* = lunch
délicieux (*m.*), délicieuse (*f.*), *adj.* = delicious
demain = tomorrow
demander, *v.t.* = to ask, to ask for
demi(e), *adj.* = half
demi-frère, *n.m.* = half-/step-brother
demi-sœur, *n.f.* = half-/step-sister
dénicher, *v.t.* = to unearth, to dig out
dépendre, *v.i.* = to depend (on)
depuis, *prep./adv.* = since
derrière, *prep.* = behind
des = some, of the, from the (*pl.*)
désagreable, *adj.* = disagreeable, unpleasant
descendre, *v.t./v.i.* = to go down(stairs)
description, *n.f.* = description
déshabiller, *v.t.* = to undress
désolé(e), *adj.* = sorry
dessin, *n.m.* = art (school subject), drawing
    dessin animé, *n.m.* = animation, (film) cartoon
dessiner, *v.t.* = to draw (a picture)
dessous, *adv.* = below
dessus, *adv.* = above
détester, *v.t.* = to hate
deux = two
devant, *prep.* = in front of
deviner, *v.t.* = to guess
devoir, *v.i.* (irreg.) = to have to (must)
devoir, *n.m.* = homework task, duty
devoirs, *n.m.pl.* = homework, prep
dialogue, *n.m.* = dialogue
dictionnaire, *n.m.* = dictionary
différence, *n.f.* = difference
difficile, *adj.* = difficult
dimanche, *n.m.* = Sunday
dîner, *n.m.* = evening meal
dingue, *adj.* = crazy
dire, *v.t.* (irreg.) = to say, to tell
discuter, *v.t./v.i.* = to discuss, chat
disque, *n.m.* = disc, CD, CD Rom
disquette, *n.f.* = floppy disk
dit = (he, she) says
divorcé(e), *adj.* = divorced
dix = ten

dix-huit = eighteen
dix-neuf = nineteen
dix-sept = seventeen
donc, *conj.* = so, therefore
donner, *v.t.* = to give
donner à manger (au chat) = to feed (the cat)
doux (*m.*), douce (*f.*), *adj.* = quiet, gentle, soft
douze = twelve
droit(e), *adj.* = right
droite, *n.f.* = right-hand side
drôle, *adj.* = funny
du, *prep.* = of the, from the
dynamique, *adj.* = dynamic

E

écharpe, *n.f.* = scarf (long)
échecs, *n.m.pl.* = chess
école, *n.f.* = school
économiser, *v.i.* = to save (money)
écouter, *v.t.* = to listen to
écran, *n.m.* = screen
écrire, *v.t.* (irreg.) = to write
écris-moi vite! = write soon! (on letter)
élève, *n.m./n.f.* = pupil
elle = she
elles = they (*f.*)
emploi du temps, *n.m.* = timetable
employé(e), *n.m./n.f.* = employee, office worker
emprunter, *v.t.* = to borrow, to use
en, *prep.* = in (a country); by (a means of transport);
   in the form of
   en argent = made of silver
   en face (de) = opposite
   en même temps = at the same time
   en retard = late
encore (du/de la/de l'/des) = more (of something),
   again
   encore une fois = again, one more time
enfant, *n.m./n.f.* = child
enfin, *adv.* = well then, at last
entendre, *v.t.* = to hear
entre, *prep.* = between
entrée, *n.f.* = entrance hall, way in
entrer, *v.i.* = to go in, to come in
équitation, *n.f.* = horse-riding
erreur, *n.f.* = mistake
Espagne, *n.f.* = Spain
espagnol(e), *adj.* = Spanish
espagnol, *n.m.* = Spanish (language)
essayer (de + infin.), *v.t./v.i.* = to try (to)
est = is
est-ce que ...? : introduces a question
et, *conj.* = and

étage, *n.m.* = floor
étagère, *n.f.* = shelf
être, *v.i.* (irreg.) = to be
étude, *n.f.* = study
étudier, *v.t.* = to study
euro, *n.m.* = euro
excusez-moi = excuse me
exemple, *n.m.* = example
exercice, *n.m.* = exercise
extérieur, *n.m.* = outside
   à l'extérieur = out doors

F

facile, *adj.* = easy
façon, *n.f.* = way
faible, *adj.* = weak
faim, *n.f.* = hunger
   avoir faim = to be hungry
faire, *v.t.* (irreg.) = to do, to make
   faire correspondre = to match up
   faire du cheval = to go horse-riding
   faire du cyclisme = to go cycling
   faire du patin = to go skating
   faire du roller = to go roller-skating
   faire du skate = to go skate-boarding
   faire du ski = to go skiing
   faire la cuisine = to do the cooking
   faire la lessive = to do the washing
   faire la vaisselle = to do the washing-up
   faire le ménage = to do the housework
   faire un tour = to go round (a place)
   faire une promenade = to go for a walk
famille, *n.f.* = family
   une famille nombreuse = a large family
fascinant(e), *adj.* = fascinating
fatigué(e), *adj.* = tired
faut: il faut (+ infin.) = it's necessary to …
faux (*m.*) fausse (*f.*), *adj.* = false
fenêtre, *n.f.* = window
fermer, *v.t.* = to close
fille, jeune fille *n.f.* = daughter, young girl
fillette, *n.f.* = little girl
film, *n.m.* = film (at the cinema)
fils, *n.m.* = son
fin, *n.f.* = end
finir, *v.t.* = to finish
flûte, *n.f.* = flute; a thin French loaf
fois, *n.f.* = time
foncé(e), *adj.* = dark (colour)
foot, *n.m.* = football
forêt, *n.f.* = forest
forme, *n.f.* = shape, figure
formidable, *adj.* = brilliant, wonderful

fort(e), *adj.* = strong, good at
fou (*m.*) (de), folle (*f.*) (de), *adj.* = mad (about)
foulard, *n.m.* = headscarf
fourchette, *n.f.* = fork
français, *n.m.* = French (language)
français(e), *adj.* = French
Français, *n.m.,* Française, *n.f.* = French person
France, *n.f.* = France
frère, *n.m.* = brother
frigo, *n.m.* = fridge
frisé(e) = frizzy
froid(e), *adj.* = cold
froid, *n.m.* = cold
fromage, *n.m.* = cheese
fruit, *n.m.* = fruit, piece of fruit

G

gagner, *v.t.* = to win, to earn
garçon, *n.m.* = boy
garder, *v.t.* = to keep, to look after
gauche, *adj.* = left; *n.f.* = left-hand side
gendarmerie, *n.f.* = police force
gendre, *n.m.* = son-in-law
généreux (*m.*), généreuse (*f.*), *adj.* = generous
gentil (*m.*), gentille (*f.*), *adj.* = kind, nice
géographie, *n.f.* = geography
gerbille, *n.f.* = gerbil
girafe, *n.f.* = giraffe
glace, *n.f.* = ice-cream
gomme, *n.f.* = rubber, eraser
goûter, *n.m.* = tea (4.00 pm snack)
grand(e), *adj.* = big, tall
    les grandes vacances = the summer holidays
grand-mère (*pl.* grands-mères), *n.f.* = grandmother
grand-père (*pl.* grands-pères), *n.m.* = grandfather
grenier, *n.m.* = attic
gris(e), *adj.* = grey
gros (*m.*), grosse (*f.*), *adj.* = big, large
guichet, *n.m.* = ticket window, counter

H

habiller, *v.t.* = to dress
habiter, *v.t./v.i.* = to live, inhabit
handicapé(e), *adj.* = disabled
haut(e), *adj.* = high
heure, *n.f.* = hour ; à x heures = at x o'clock
heureux (*m.*), heureuse (*f.*), *adj.* = happy
histoire, *n.f.* = history, story
homme, *n.m.* = man
honnête, *adj.* = honest
horloge, *n.f.* = clock
huit = eight

I

ici, *adv.* = here
idée, *n.f.* = idea
il = he, it (*m.*)
il y a = there is/are
ils = they (*m.*)
image, *n.f.* = picture
impeccable, *adj.* = perfect
important(e), *adj.* = important
incroyable, *adj.* = incredible
indispensable, *adj.* = vital
informatique, *n.f.* = computing (IT)
intelligent(e), *adj.* = intelligent
intéressant(e), *adj.* = interesting
inventer, *v.t.* = to invent
irrégulier (*m.*), irrégulière (*f.*), *adj.* = irregular
Italie, *n.f.* = Italy
italien(ne), *adj.* = Italian

J

jamais (ne … jamais), *adv.* = never
jambe, *n.f.* = leg
Japon, *n.m.* = Japan
japonais(e), *adj.* = Japanese
jardin, *n.m.* = garden
jaune, *adj.* = yellow
je = I
jean, *n.m.* = pair of jeans
jeu (*pl.* jeux), *n.m.* = game
jeudi, *n.m.* = Thursday
jeune, *adj.* = young
jeune, *n.m.* = youth (16 to 20 year-old)
jeunesse, *n.f.* = youth (abstract noun)
joli(e), *adj.* = pretty
jouer, *v.t./v.i.* = to play
jour, *n.m.* = day, daylight
journal (*pl.* journaux), *n.m.* = newspaper
journée, *n.f.* = day (e.g. a day out)
joyeux (*m.*), joyeuse (*f.*), *adj.* = happy
jupe, *n.f.* = skirt
jus, *n.m.* (d'orange) = (orange) juice

L

l' = the (*m.* or *f.*)
la = the (*f.*)
labo (laboratoire), *n.m.* = lab(oratory)
lac, *n.m.* = lake
lait, *n.m.* = milk
lampe, *n.f.* = light, lamp
langue, *n.f.* = language
    langues vivantes = modern languages
lapin, *n.m.* = rabbit
latin, *n.m.* = Latin

laver, *v.t.* = to wash
le, l' = the (*m.*)
    le mardi = on Tuesdays
lecture, *n.f.* = reading
légume, *n.m.* = vegetable
lettre, *n.f.* = letter
leur, *adj.* = their
lever, *v.t.* = to raise
libre, *adj.* = free (unoccupied)
lire, *v.t.* (irreg.) = to read
lis = (you) read
lit, *n.m.* = bed
living, *n.m.* = living room
livre, *n.m.* = book
loin, *adv.* = a long way away
long (*m.*), longue (*f.*), *adj.* = long
louer, *v.t.* = to rent, hire
lundi, *n.m.* = Monday
lunettes, *n.f.pl.* = glasses

M

M. (short for monsieur), *n.m.* = Mr
ma, (*f.*) = my
madame, *n.f.* = Mrs, madam
mademoiselle, *n.f.* = Miss
magasin, *n.m.* = shop
magazine, *n.m.* = magazine
mai, *n.m.* = May
maigre, *adj.* = slim, thin
main, *n.f.* = hand
maintenant, *adv.* = now
mais, *conj.* = but
maison, *n.f.* = house
malheureusement, *adv.* = unfortunately
maman, *n.f.* = Mum, Mummy
manger, *v.t.* = to eat
maquette, *n.f.* = model (plane, car etc.)
marché, *n.m.* = market
marcher, *v.i.* = to walk; to work (of machinery)
mardi, *n.m.* = Tuesday
marque, *n.f.* = brand, make
marquer, *v.t.* = to score
marron, *adj.* = reddish-brown
mars, *n.m.* = March
maths, *n.m.pl.* = Maths
matière, *n.f.* = (school) subject
matin, *n.m.* = morning
mauvais(e), *adj.* = bad
me = me, to me
méchant(e), *adj.* = nasty, naughty
même, *adj.* = same
ménage, *n.m.* = housework
merci = thank you

mercredi, *n.m.* = Wednesday
mère, *n.f.* = mother
mes (*pl.*) = my
mesurer, *v.t.* = to measure
mettre, *v.t.* (irreg.) = to put, to put on
    mettre de côté = to put aside (i.e. save)
    mettre la table = to lay the table
midi, *n.m.* = noon, midday
mignon (*m.*), mignonne (*f.*), *adj.* = sweet, cute
mince, *adj.* = thin, slim; a mild expletive
minuit, *n.m.* = midnight
Mlle (short for Mademoiselle) = Miss
Mme (short for Madame) = Mrs, madam
mode, *n.f.* = fashion
    à la mode = fashionable
moi = me, as for me …
    moi aussi = me too
moins, *adv.* = less, minus
    moins le quart = quarter to ...
moitié, *n.f.* = half
mon, (*m.*) = my
monde, *n.m.* = world
monsieur, *n.m.* = sir, Mr
monter, *v.i./v.t.* = to go up; to construct (e.g. a model)
mort(e), *adj.* = dead
mot, *n.m.* = word, short note
mouchoir, *n.m.* = handkerchief
moyen(ne), *adj.* = medium-sized
musicien (*m.*), musicienne (*f.*), *adj.* = musical
musique, *n.f.* = music

N

n'est-ce pas? = isn't that so ?
nager, *v.i.* = to swim
nécessaire, *adj.* = necessary
négatif (*m.*), negative (*f.*), *adj.* = negative
neuf (*m.*), neuve (*f.*), *adj.* = (brand) new
neuf = nine
neveu, *n.m.* = nephew
nez, *n.m.* = nose
nièce, *n.f.* = niece
noir(e), *adj.* = black, dark
nom, *n.m.* = name, surname, noun
nombreux (*m.*), nombreuse (*f.*), *adj.* = numerous
non, *adv.* = no
normal(e) (*m. pl.* normaux), *adj.* = normal
nos (*pl.*) = our
notre (*sing.*) = our
nous = we, us
nouveau (*m.*), nouvel (*m.* before a vowel or silent 'h'), nouvelle (*f.*), *adj.* = new
    nouveau venu, *n.m.* = newcomer

nul (*m.*), nulle (*f.*), *adj.* = useless
numéro, *n.m.* = number

O

objet, *n.m.* = object
œil (*pl.* yeux), *n.m.* = eye
oiseau (*pl.* oiseaux), *n.m.* = bird
on = one, we
oncle, *n.m.* = uncle
onze = eleven
optimiste, *adj.* = optimistic, positive
ordinateur, *n.m.* = computer
os, *n.m.* = bone
ou, *conj.* = or
où, *adv.* = where
oui = yes

P

paille, *n.f.* = straw
pain, *n.m.* = bread
    pain de campagne, *n.m.* = farmhouse loaf
pantalon, *n.m.* = pair of trousers
papa, *n.m.* = Dad, Daddy
papier, *n.m.* = paper, piece of paper
par, *prep.* = by, through
parc, *n.m.* = park
parce que, *conj.* = because
pareil (*m.*) pareille (*f.*), *adj.* = equal, the same
parents, *n.m.pl.* = parents
paresseux (*m.*), paresseuse (*f.*), *adj.* = lazy
parfois, *adv.* = sometimes
parking, *n.m.* = car park
parler, *v.t./v.i.* = to speak
partenaire, *n.m./n.f.* = partner
pas, *adv.* = not
    pas (ne ... pas) = not (in a verb expression)
passage, *n.m.* = passage
passer, *v.t./v.i.* = to pass
    passer l'aspirateur = to do the hoovering
passionnant(e), *adj.* = exciting
patin, *n.m.* = skate
patinage, *n.m.* = skating
patinoire, *n.f.* = skating rink
pause, *n.f.* = break (noun)
pays, *n.m.* = country
pêche, *n.f.* = fishing; peach
pêcher, *v.t./v.i.* = to fish
pendant, *prep.* = during
pendule, *n.f.* = clock
pendant que, *conj.* = whilst, while
penser, *v.i.* = to think
père, *n.m.* = father
perroquet, *n.m.* = parrot

perruche, *n.f.* = budgie
persiennes, *n.f.pl.* = slatted window-shutters
personnage, *n.m.* = character (person)
personne, *n.f.* = person
personne (ne ... personne) = no one, nobody
peser, *v.t./v.i.* = to weigh
petit = small, little
    petit déjeuner, *n.m.* = breakfast
    petite-fille, *n.f.* = granddaughter
    petit-fils, *n.m.* = grandson
    petits-enfants, *n.m.pl.* = grandchildren
peu, *adv.* = not much
peur, *n.f.* = fear
photo, *n.f.* = photograph
phrase, *n.f.* = sentence, phrase
physique, *n.f.* = physics
pièce, *n.f.* = room
    la pièce = each (with prices)
pied, *n.m.* = foot
    à pied = on foot
ping-pong, *n.m.* = table tennis
piscine, *n.f.* = swimming pool
pittoresque, *adj.* = picturesque
plage, *n.f.* = beach
plus, *adv.* = more
poche, *n.f.* = pocket
pochette, *n.f.* = supermarket plastic bag
pointure, *n.f.* = shoe size
poisson, *n.m.* = fish
poisson rouge, *n.m.* = goldfish
poli(e), *adj.* = polite
police, *n.f.* = police
pomme de terre, *n.f.* = potato
porte, *n.f.* = door
porter, *v.t.* = to wear, to carry
poubelle, *n.f.* = dustbin
pour = for, in order to
pourquoi, *adv.* = why
pouvoir, *v.i.* (irreg.) = to be able (can)
pratiquer, *v.t.* = to do (e.g. a sport)
préau, *n.m.* = covered courtyard
préféré(e), *adj.* = favourite
préférer, *v.t.* = to prefer
premier (*f.* première), *adj.* = first
prendre, *v.t.* (irreg.) = to take, to have (meals)
préparer, *v.t.* = to prepare
présent(e), *adj.* = present
prêter, *v.t.* = to lend
prix, *n.m.* = price, prize
produit, *n.m.* = product
problème, *n.m.* = problem
prof, *n.m.* = teacher (slang)
professeur, *n.m.* = teacher

promener, *v.t.* = to walk
    promener le chien = to walk the dog
    se promener = to go for a walk
propriétaire, *n.m./n.f.* = owner
puis, *adv.* = then
pull, *n.m.* = pullover, jumper
punir, *v.t.* = to punish
pupitre, *n.m.* = desk

Q

qu'est-ce que ... ? = what ... ?
quand, *adv.* = when
quarante = forty
quart, *n.m.* = quarter
quatorze = fourteen
quatre = four
quatre-vingts = eighty
que (qu' before a vowel) = that, which, who(m)
quel (*m.*), quelle (*f.*), *adj.* = what, which
quelque(s) = some (a few)
    quelque chose = something
quelquefois, *adv.* = sometimes
que? = what?
qu'est-ce que? = what?
qui? = who?
qui = who, which, that
quinze = fifteen
quitter, *v.t.* = to leave (e.g. a room)

R

radio, *n.f.* = radio
ranger, *v.t.* = to tidy, to put away
récré(ation), *n.f.* = break time
réduction, *n.f.* = reduction
réfléchir, *v.i.* = to think (carefully)
regarder, *v.t.* = to watch, to look at
règle, *n.f.* = ruler, rule
régulier (*f.* régulière), *adj.* = regular
remarquer, *v.t.* = to notice
remplir, *v.t.* = to fill
rendre, *v.t.* = to hand in, to give back
rentrer, *v.i.* = to go home
repas, *n.m.* = meal
répéter, *v.t.* = to repeat, to rehearse
répit, *n.m.* = rest, breathing space
restaurant, *n.m.* = restaurant
retard, *n.m.* = delay, slowness
    en retard = late
rétroprojecteur, *n.m.* = overhead projector
réunir, *v.t.* = to rejoin
réveiller, *v.t.* = to wake
réviser, *v.t.* = to revise
rez-de-chaussée, *n.m.* = ground floor

rien (ne ... rien) = nothing
robe, *n.f.* = dress
roi, *n.m.* = king
rouge, *adj.* = red
route, *n.f.* = road
roux (*f.* rousse), *adj.* = red (of hair)
    roux/rousse, *n.m./n.f.* = redhead
rue, *n.f.* = street

S

s'appeler, *v.r.* = to be called
s'arrêter, *v.r.* = to stop (oneself)
s'habiller, *v.r.* = to get dressed
s'occuper de, *v.r.* = to be busy, to look after
sa (*f.*) = his, her, its, one's
sage, *adj.* = well-behaved
salle, *n.f.* = room
    salle à manger = dining room
    salle de bains = bathroom
    salle de classe = classroom
    salle des réunions = assembly hall
    salle de séjour = sitting room
salon, *n.m.* = sitting room
salut! = hi!
samedi, *n.m.* = Saturday
saucisse, *n.f.* = sausage
savoir, *v.t.* (irreg.) = to know (a fact)
sciences, *n.f.pl.* = science
se coucher, *v.r.* = to go to bed
se déshabiller, *v.r.* = to get undressed
se détendre, *v.r.* = to relax
se laver, *v.r.* = to get washed
se lever, *v.r.* = to get up
se présenter, *v.r.* = to introduce oneself, to 'report'
se promener, *v.r.* = to go for a walk
se retrouver, *v.r.* = to meet up
se réveiller, *v.r.* = to wake up
se trouver, *v.r.* = to be situated
seize = sixteen
séjour, *n.m.* = living room; stay (on holiday)
semaine, *n.f.* = week
sept = seven
serpent, *n.m.* = snake
ses (*pl.*) = his, her, its, one's
seulement, *adv.* = only
sévère, *adj.* = strict
short, *n.m.* = pair of shorts
si! = yes! (in disagreement)
si, *conj./adv.* = if, so (so big etc.)
    s'il te/vous plaît = please
six = six
sœur, *n.f.* = sister
soir, *n.m.* = evening

soldes, *n.m.pl.* = sales (in the shops)
son (*m.*) = his, her, its, one's
sont = (they) are
sortir, *v.i./v.t.* (irreg.) = to go out/take out
    sortir (le chien) = to take (the dog) out
    sortir (les poubelles) = to take (the bins) out
souriant(e), *adj.* = cheerful, smiley
souris, *n.m.* = mouse
sous, *prep.* = under
souvent, *adv.* = often
spécial(e) (*m.pl.* spéciaux), *adj.* = special
sport, *n.m.* = sport, games
sportif (*m.*), sportive (*f.*), *adj.* = sporty
stupide, *adj.* = stupid
stylo, *n.m.* = fountain pen
sucreries, *n.f.pl.* = sweet things
suis (from être) = (I) am!
suis! (from suivre) = follow!
suisse, *adj.* = Swiss
Suisse, *n.f.* = Switzerland
suivant(e), *adj.* = following
suivre, *v.t.* (irreg.) = to follow
super- = extremely (+ *adj.*)
superbe, *adj.* = impressive
sur, *prep.* = on (on top of)
sûr(e), *adj.* = sure, certain, safe
   bien sûr = of course
surtout, *adv.* = above all, especially
surveillant/e, *n.m./n.f.* = supervisor
sympa (short for sympathique), *adj.* = nice

T

ta (*f.*) = your
table, *n.f.* = table
tableau, *n.m.* = board
taille, *n.f.* = size
   de taille moyenne = of medium build/height
tante, *n.f.* = aunt
tard, *adv.* = late
tartine, *n.f.* = bread with spread
tartiner, *v.t.* = to spread (on bread)
technologie, *n.f.* = technology
télé(vision), *n.f.* = television
tellement, *adv.* = so (much)
temps, *n.m.* = time, weather
tennis, *n.m.* = tennis
   tennis, *n.m.pl.* = trainers
tes (*pl.*) = your
tête, *n.f.* = head
thé, *n.m.* = tea
TGV = TGV (the high-speed train)
théâtre, *n.m.* = theatre

ticket, *n.m.* = ticket
tiens! = goodness!
timide, *adj.* = shy
toi = you
ton (*m.*) = your
tortue, *n.f.* = tortoise
toujours, *adv.* = always
tout(e) (*pl.* tous), *adj.* = all, every
   tous les jours = every day
   tous les mardis = every Tuesday
   tout de suite, *adv.* = right away, immediately
   tout le monde = everybody, everyone
traduire, *v.t.* (irreg.) = to translate
train, *n.m.* = train
travail (*pl.* travaux), *n.m..* = work
   travaux manuels = craft
travailler, *v.i.* = to work
travailleur(euse), *adj.* = hard-working
treize = thirteen
trente = thirty
très, *adv.* = very
trois = three
trop, *adv.* = too (much)
   trop de … = too much …, too many …
trousse, *n.f.* = pencil case
trouver, *v.t.* = to find
t-shirt, *n.m.* = t-shirt
tu = you (*sing.*)

U

un (*m.*), une (*f.*) = a, one (number)
unité, *n.f.* = unit
utile, *adj.* = useful

V

vacances, *n.f.pl.* = holidays
vache, *n.f.* = cow
vaisselle, *n.f.* = washing-up
vélo, *n.m.* = bike
vendre, *v.t.* = to sell
vendredi, *n.m.* = Friday
venir, *v.i.* (irreg.) = to come
verbe, *n.m.* = verb
vérifier, *v.t.* = to check
verre, *n.m.* = glass (drinking or material)
vers, *prep.* = towards
vert(e), *adj.* = green
veste, *n.f.* = jacket
vêtements, *n.m.pl.* = clothes
vieux (*m.*), vieil (*m.* before a vowel), vieille (*f.*), *adj.* = old (not young)
village, *n.m.* = village

ville, *n.f.* = town

vingt = twenty
violet (*m.*), violette (*f.*), *adj.* = violet (purple, mauve)
visage, *n.m.* = face
vite, *adv.* = quickly
vivre, *v.i.* (irreg.) = to live (i.e. be alive)
vocabulaire, *n.m.* = vocabulary
voici = here is, here are
voilà = there is, there are; there you are!
voir, *v.t.* (irreg.) = to see
voisin(e), *n.m./n.f.* = neighbour

voiture, *n.f.* = car
voix, *n.f.* = voice
volet, *n.m.* = shutter
vouloir, *v.t.* (irreg.) = to want
vous = you (*pl.*)
vrai(e), *adj.* = true

W
week-end, *n.m.* = weekend

Y
y, *adv.* = there (il y a = there is/are)

Z

English to French Vocabulary

A

a = un (*m.*), une (*f.*)

a long way away (from) = loin (de), *adv.*

a lot of = beaucoup de

able, to be = pouvoir, *v.i.* (irreg.)

above all = surtout, *adv.*

absent = absent(e), *adj.*

active = actif (*m.*), active (*f.*), *adj.*

adopted = adopté(e), *adj.*

afraid, to be = avoir peur

after = après, *prep.*

afternoon = après-midi, *n.m.*

age = âge, *n.m.*

again = encore une fois

all = tout(e) (*m.pl.* tous, *f.pl.* toutes), *adj.*

already = déjà, *adv.*

also, too = aussi

always = toujours, *adv.*

amusing = amusant(e), *adj.*

and = et, *conj.*

animal = animal (*pl.* animaux), *n.m.*

answer, to = répondre, *v.i.*

answer (noun) = réponse, *n.f.*

arrive, to = arriver, *v.i.*

arm = bras, *n.m.*

art (school subject) = dessin, *n.m.*

as, like = comme, *adv.*

ask, ask for, to = demander, *v.t.*

assembly hall = salle des réunions, *n.f.*

at = à

    at *x* o'clock = à x heures

    at the same time = en même temps

aunt = tante, *n.f.*

away (e.g. 3 km away) = à (3 km)

B

badly-behaved = méchant(e), *adj.*

baker = boulanger, *n.m.*; boulangère, *n.f.*

baker's shop = boulangerie, *n.f.*

bald = chauve, *adj.*

basketball = basket, *n.m.*

bathroom = salle de bains, *n.f.*

be, to = être, *v.i.* (irreg.)

beach = plage, *n.f.*

because = parce que, *conj.*

bed = lit, *n.m.*

bed, to go to = se coucher, *v.r.*

bedroom = chambre, *n.f.*

before = avant, *prep.*

    before ...ing = avant de (+ infin.)

begin, to = commencer, *v.t.*

behind = derrière, *prep.*

believe, to = croire, *v.i.* (irreg.)

beside = à côté de

best wishes (on letter) = amitiés, *n.f.pl.*

between = entre, *prep.*

big, large = gros (*m.*), grosse (*f.*), *adj.*

big, tall = grand(e), *adj.*

bike = vélo, *n.m.*

bin = poubelle, *n.f.*

biology = biologie, *n.f.*

bird = oiseau (*pl.* oiseaux), *n.m.*

birthday = anniversaire, *n.m.*

black = noir(e), *adj.*

blue = bleu(e), *adj.*

board = tableau, *n.m.*

bone = os, *n.m.*

book = livre, *n.m.*

boots = bottes, *n.f.pl.*

borrow, to = emprunter, *v.t.*

bowl = bol, *n.m.*

boy = garçon, *n.m.*

bracelet = bracelet, *n.m.*

bread = pain, *n.m.*

    bread with spread = tartine, *n.f.*

break (noun) = pause, *n.f.*; récré(ation), *n.f.*

breakfast = petit déjeuner, *n.m.*

brilliant! = chouette! formidable!, *adj.*

brother = frère, *n.m.*

brother-in-law = beau-frère, *n.m.*

brown = brun(e), *adj.*

budgie = perruche, *n.f.*

bus stop = arrêt de bus, *n.m.*

but = mais, *conj.*

butter = beurre, *n.m.*

buy, to = acheter, *v.t.*

by = par, *prep.*

    by car = en voiture

    by bike = à vélo

C

café = café, *n.m.*

calculator = calculatrice, *n.f.*

call, to = appeler, *v.t.*

called, to be = s'appeler, *v.r.*

Canadian = canadien (*m.*), canadienne (*f.*), *adj.*
car = voiture, *n.f.*
car park = parking, *n.m.*
card = carte, *n.f.*
carry, to = porter, *v.t.*
cartoon (film) = dessin animé, *n.m.*
cartoon (comic strip) = bande dessinée, *n.f.*
cat = chat, *n.m.*
CD = disque, *n.m.*
cereal (breakfast) = céréales, *n.f.pl.*
chair = chaise, *n.f.*
character (person) = personnage, *n.m.*
character (quality) = caractère, *n.m.*
chat, to = discuter, *v.i.*, bavarder, *v.i.*
chatty = bavard(e), *adj.*
check, to = vérifier, *v.t.*
cheerful = souriant(e), *adj.*
chemistry = chimie, *n.f.*
chess = échecs, *n.m.pl.*
child = enfant, *n.m./n.f.*
chocolate = chocolat, *n.m.*
choice = choix, *n.m.*
choose, to = choisir, *v.t.*
cinema = cinéma, *n.m.*
classroom = salle de classe, *n.f.*
clear away, to = débarrasser, *v.t.*
clock = pendule, *n.f.*; horloge, *n.f.*
clothes = vêtements, *n.m.pl.*
coffee = café, *n.m.*
coffee pot = cafetière, *n.f.*
cold, to be = avoir froid
come, to = venir, *v.i.* (irreg.)
comfortable = confortable, *adj.*
computer = ordinateur, *n.m.*
computing (IT) = informatique, *n.f.*
cooking, to do = faire la cuisine
correct, to = corriger, *v.t.*
corridor = couloir, *n.m.*
cost, to = coûter, *v.t./v.i.*
cousin (male) = cousin, *n.m.*
cousin (female) = cousine, *n.f.*
craft = travaux manuels, *n.m.pl.*
crazy = dingue, *adj.*
create, to = créer, *v.t.*
croissant = croissant, *n.m.*
curly (hair) = (cheveux) bouclés; frisés (tight curls)
cycling, to go = faire du cyclisme/vélo

D

Dad, Daddy = papa, *n.m.*
dark (colour) = foncé(e), *adj.*
date = date, *n.f.*
daughter = fille, *n.f.*

daughter-in-law = belle-fille, *n.f.*
day (e.g. a day out) = journée, *n.f.*
day, daylight = jour, *n.m.*
dead = mort(e), *adj.*
dear = cher (*m.*), chère (*f.*), *adj.*
delicious = délicieux (*m.*), délicieuse (*f.*), *adj.*
depend (on), to = dépendre (de), *v.i.*
describe, to = décrire, *v.t.* (irreg.)
desk (for a pupil) = pupitre, *n.m.*
dialogue = dialogue, *n.m.*
dictionary = dictionnaire, *n.m.*
difficult = difficile, *adj.*
dining room = salle à manger, *n.f.*
disabled = handicapé(e), *adj.*
disc = disque, *n.m.*,
discover, to = découvrir, *v.t.* (irreg.)
divorced = divorcé(e), *adj.*
do, to = faire, *v.t.* (irreg.)
dog = chien, *n.m.*
door = porte, *n.f.*
down(stairs), to go = descendre, *v.t./v.i.*
draw (a picture), to = dessiner, *v.t.*
drawing (noun) = dessin, *n.m.*
dress = robe, *n.f.*
dress, to = s'habiller, *v.r.*
drink, to = boire, *v.t.* (irreg.)
during = pendant, *prep.*

E

earring = boucle d'oreille, *n.f.*
each = chaque, *adj.*
easy = facile, *adj.*
eat, to = manger, *v.t.*
elder, eldest = aîné(e), *adj.*
employee = employé(e), *n.m./n.f.*
end = fin, *n.f.*
England = Angleterre, *n.f.*
English = anglais(e), *adj.*
English (language) = anglais, *n.m.*
English person = Anglais, *n.m.*, Anglaise, *n.f.*
enough = assez (de), *adv.*
entrance area, lobby = foyer, *n.m.*
entrance hall, way in = entrée, *n.f.*
equal, the same = pareil (*m.*) pareille (*f.*), *adj.*
euro = euro, *n.m.*
evening = soir, *n.m.*
evening meal = dîner, *n.m.*
every = tous les …
    every day = tous les jours
    everybody, everyone = tout le monde
example = exemple, *n.m.*
exciting = passionnant(e), *adj.*
exercise book = cahier, *n.m.*

expensive = cher (*m.*), chère (*f.*), *adj.*
extremely (+ *adj.*) = archi-, super-
eye = œil (*pl.* yeux), *n.m.*

F

face = visage, *n.m.*
false = faux (*m.*), fausse (*f.*), *adj.*
family = famille, *n.f.*
fascinating = fascinant(e), *adj.*
fashionable = à la mode
fat (overweight) = gros (*m.*), grosse (*f.*), *adj.*
father = père, *n.m.*
father-in-law = beau-père, *n.m.*
favourite = préféré(e), *adj.*
feed (the cat), to = donner à manger (au chat)
fencing (sport) = escrime, *n.f.*
 fencing, to do = faire de l'escrime
fill, to = remplir, *v.t.*
film (at the cinema) = film, *n.m.*
film (for a camera) = pellicule, *n.f.*
find, to = trouver, *v.t.*
finish, to = finir, *v.t.*
fish = poisson, *n.m.*
fishing = pêche, *n.f.*
fishing, to go = aller à la pêche, *v.i.*
floor = étage, *n.m.*
floppy disk = disquette, *n.f.*
follow, to = suivre, *v.t.* (irreg.)
foot = pied, *n.m.* (on foot = à pied)
for = pour
forest = forêt, *n.f.*
fork = fourchette, *n.f.*
fountain pen = stylo, *n.m.*
France = France, *n.f.*
free (unoccupied) = libre, *adj.*
French = français(e), *adj.*
French (language) = français, *n.m.*
French person = Français, *n.m.*, Française, *n.f.*
Friday = vendredi, *n.m.*
friend (male) = ami, *n.f.*; copain, *n.m.*
friend (female) = amie, *n.f.*; copine, *n.f.*
frizzy = frisé(e), *adj.*
from = de, *prep.*
 from … to … = de … à …
fruit, piece of fruit = fruit, *n.m.*
funny = drôle, *adj.*

G

game = jeu (*pl.* jeux), *n.m.*
garden = jardin, *n.m.*
generous = généreux (*m.*), généreuse (*f.*), *adj.*
geography = géographie, *n.f.*

gerbil = gerbille, *n.f.*
German = allemand(e), *adj.*
German (language) = allemand, *n.m.*
Germany = Allemagne, *n.f.*
get up, to = se lever, *v.r.*
gift = cadeau (*pl.* cadeaux), *n.m.*
gifted (at) = doué(e) (pour), *adj.*
giraffe = girafe, *n.f.*
girl = fille, *n.f.*
give, to = donner, *v.t.*
give back, to = rendre, *v.t.*
glass (drinking or material) = verre, *n.m.*
glasses (spectacles) = lunettes, *n.f.pl.*
go, to = aller, *v.i.* (irreg.)
 go down, to = descendre, *v.i.*
 go in, come in, to = entrer, *v.i.*
 go out, to = sortir, *v.i.* (irreg.)
 go up, to = monter, *v.i.*
goal = but, *n.m.*
goldfish = poisson rouge, *n.m.*
good = bon (*m.*), bonne (*f.*), *adj.*
 good at = fort en
goodbye! = au revoir!
good evening = bonsoir
good grief! well, I never! = ça alors!
goodness! = tiens!
grandchildren = petits-enfants, *n.m.pl.*
granddaughter = petite-fille, *n.f.*
grandfather = grand-père, *n.m.*
grandmother = grand-mère (*pl.* grands-mères), *n.f.*
grandson = petit-fils, *n.m.*
green = vert(e), *adj.*
grey = gris(e), *adj.*
ground floor = rez-de-chaussée, *n.m.*
guess, to = deviner, *v.t.*
guinea-pig = cochon d'Inde, *n.m.*

H

hair = cheveux, *n.m.pl.*
half = moitié, *n.f.*
half = demi(e), *adj.*
 half-brother = demi-frère, *n.m.*
 half-sister = demi-sœur, *n.f.*
 half past *x* = *x* heures et demie
hand = main, *n.f.*
hand in, give back, to = rendre, *v.t.*
handsome = beau (*m.*), bel (*m.* before vowel or 'h'), belle (*f.*), *adj.*
happy = content(e), *adj.*
happy = heureux (*m.*), heureuse (*f.*), *adj.*
hard-working = travailleur(euse), *adj.*
hat = chapeau (*pl.* chapeaux), *n.m.*

hate, to = détester, *v.t.*
have, to = avoir, *v.t.*
    (i.e. eat/drink), to = prendre, *v.t.* (irreg.)
have to (must), to = devoir, *v.i.* (irreg.)
he = il
head = tête, *n.f.*
heart = cœur, *n.m.*
hello = bonjour
help, to = aider, *v.t.*
her = son (*m.*), sa (*f.*), ses (*pl.*)
here = ici, *adv.*
here is, here are = voici
hi! = salut!
his = son (*m.*), sa (*f.*), ses (*pl.*)
history = histoire, *n.f.*
holidays = vacances, *n.f.pl.*
home, to go = rentrer, *v.i.*
homework = devoirs, *n.m.pl.*
honest = honnête, *adj.*
hoovering, to do = passer l'aspirateur
horse = cheval (*pl.* chevaux), *n.m.*
    horse-riding, to go = faire du cheval
hot = chaud(e), *adj.*
    hot, to be = avoir chaud
hour = heure, *n.f.*
house = maison, *n.f.*
housework, to do = faire le ménage
how = comment, *adv.*
how much, how many = combien, *adv.*
hundred = cent, *adj./n.m.*
hungry, to be = avoir faim
husband = mari, *n.m.*

I

I = je (j' before a vowel or 'h')
ice-cream = glace, *n.f.*
idea = idée, *n.f.*
if = si, *conj.*
impressive = superbe, *adj.*
in = dans, *prep.*
    in (a town) = à, *prep.*
    in (a feminine country) = en, *prep.*
    in (a masculine country) = au, *prep.*
    in front of = devant, *prep.*
    in order to = pour (+ *infin.*)
incredible = incroyable, *adj.*
intelligent = intelligent(e), *adj.*
interesting = intéressant(e), *adj.*
introduce oneself, to = se présenter, *v.r.*
invent, to = inventer, *v.t.*
is = est
it is = c'est

it is necessary to … = il faut (+ infin.)
it is OK, I am fine etc. = ça va
it is your turn to … = à toi de …
Italian = italien(nne), *adj.*
Italy = Italie, *n.f.*
its = son (*m.*), sa (*f.*), ses (*pl.*)

J

jacket = veste, *n.f.*
jam = confiture, *n.f.*
Japan = Japon, *n.m.*
Japanese = japonais(e), *adj.*
jeans = jean, *n.m.*
jeweller = bijoutier, *n.m.*
juice (orange) = jus, *n.m.* (d' orange)

K

keep = garder, *v.t.*
kind, nice = gentil (*m.*), gentille (*f.*), *adj.*
kitchen = cuisine, *n.f.*
kitten = chaton, *n.m.*
knife = couteau (*pl.* couteaux), *n.m.*
know (a fact), to = savoir, *v.t.* (irreg.)

L

lab, laboratory = labo (laboratoire), *n.m.*
lake = lac, *n.m.*
large (i.e. big) = grand(e), *adj.*
    bulky = gros (*f.* grosse), *adj.*
    numerous = nombreux (*f.* nombreuse), *adj.*
late (for an appointment) = en retard
late (a late hour) = tard, *adv.*
lay the table, to = mettre la table
lazy = paresseux (*m.*), paresseuse (*f.*), *adj.*
learn, to = apprendre, *v.t.* (irreg.; goes like prendre)
leave (e.g. a room), to = quitter, *v.t.*
leave (depart, to) = partir, *v.i.*
left = gauche, *adj.*; on the left = à gauche
leg = jambe, *n.f.*
lend, to = prêter, *v.t.*
less = moins, *adv.*
lesson = cours, *n.m;* leçon, *n.f..*
letter = lettre, *n.f.*
library = bibliothèque, *n.f.*
light (colour) = clair(e), *adj.*
light (lamp) = lampe, *n.f.*
like, to = aimer, *v.t.*
listen to, to = écouter, *v.t.*
little, small = petit(e), *adj.*
    a little bit = un peu
live, inhabit, to = habiter, *v.t./v.i.*
living room = living, *n.m.*, séjour, *n.m.*
long = long (*m.*), longue (*f.*), *adj.*

look after, to = s'occuper de, *v.r.*
look at, to = regarder, *v.t.*
look for, to = chercher, *v.t.*
love, to = adorer, *v.t.*
lunch = déjeuner, *n.m.*
lunchtime = l'heure du déjeuner, *n.m.*

M

mad (about) = fou (de) (*m.*), folle (de) (*f.*)
madam = madame, Mme, *n.f.*
made of (silver) = en (argent)
magazine = magazine, *n.m.*
make, to = faire (irreg.), *v.t.*
man = homme, *n.m.*
many = beaucoup de
map = carte (géographique), *n.f.*
match up, to = faire correspondre
Maths = maths, *n.m.pl.*
me, as for me ... = moi
   me too (etc.) = moi aussi
measure, to = mesurer, *v.t.*
medium build, of = de taille moyenne
medium = moyen (*m.*), moyenne (*f.*), *adj.*
meet up, to = se retrouver, *v.r.*
mid-brown (hair) = châtain, *adj.*
milk = lait, *n.m.*
Miss = Mademoiselle, Mlle, *n.f.*
model (plane, car etc.) = maquette, *n.f.*
modern languages = langues vivantes, *n.f.pl.*
Monday = lundi, *n.m.*
money, silver = argent, *n.m.*
more = plus, *adv.*; encore de (e.g. encore de
   chocolat)
mother = mère, *n.f.*
mother-in-law = belle-mère, *n.f.*
mouse = souris, *n.m.*
mouth = bouche, *n.f.*
Mr = monsieur, M. / Mr., *n.m.*
Mrs = madame, Mme, *n.f.*
Mum, Mummy = maman, *n.f.*
music = musique, *n.f.*
my = mon (*m.*), ma (*f.*), mes (*pl.*)

N

name = nom, *n.m.*
naughty = méchant(e), *adj.*
necessary to, it is = il faut (+ infin.)
neighbour = voisin(e), *n.m./n.f.*
nephew = neveu, *n.m.*
never = jamais (ne ... jamais), *adv.*
new (brand) = neuf (*m.*), neuve (*f.*), *adj.*
new (different) = nouveau (*m.*), nouvel (*m.* before
   vowel or silent 'h'), nouvelle (*f.*), *adj.*

newcomer = nouveau venu, *n.m.*
newspaper = journal (*pl.* journaux), *n.m.*
next to = à côté de
nice = sympa (sympathique), *adj.*
nice, pleasant = agréable, *adj.*
niece = nièce, *n.f.*
no = non, *adv.*
no longer, not any more = plus (ne ... plus)
noon = midi, *n.m.*
normal = normal(e), normaux (*pl.*), *adj.*
nose = nez, *n.m.*
not = pas, *adv.*
   not (in a verb expression) = ne ... pas
not much = pas beaucoup, *adv.*
notice, to = remarquer, *v.t.*
noun = nom, *n.m.*
now = maintenant, *adv.*
number = numéro, *n.m.*
   (digit) = chiffre, *n.m.*
   (quantity) = nombre, *n.m.*

O

object (noun) = objet, *n.m.*
of = de, *prep.*
   of the (*m. sing.*) = du, *prep.*
   of the (*pl.*) = des, *prep.*
office = bureau, *n.m.*
often = souvent, *adv.*
okay = d'accord
old (not young) = vieux (*m.*), vieil (*m.* before vowel
   or silent 'h'), vieille (*f.*), *adj.*
old, former = ancien (*m.*), ancienne (*f.*), *adj.*
on (on top of) = sur, *prep.*
one (number) = un (*m.*), une (*f.*)
one, we = on
one's = son (*m.*), sa (*f.*), ses (*pl.*)
only = seulement, *adv.*
opposite = en face (de)
optimistic = optimiste, *adj.*
or = ou, *conj.*
other = autre, *adj.*
our = notre (*pl.* nos)
overhead projector = rétroprojecteur, *n.m.*
owner = propriétaire, *n.m./n.f.*

P

pair of jeans = jean, *n.m.*
pair of shorts = short, *n.m.*
pair of trousers = pantalon, *n.m.*
paper (piece of) = papier, *n.m.*
parents = parents, *n.m.pl.*
park = parc, *n.m.*
parrot = perroquet, *n.m.*

partner = partenaire, *n.m./n.f.*
pass, to = passer, *v.t.*
passage = passage, *n.m.*
peach = pêche, *n.f.*
pen friend = correspondant(e), *n.m./n.f.*
pencil = crayon, *n.m.*
pencil case = trousse, *n.f.*
person = personne, *n.f.*
photograph = photo, *n.f.*
physics = physique, *n.f.*
picture = image, *n.f.*
plate = assiette, *n.f.*
play, to = jouer, *v.i.*
playground = cour, *n.f.*
please = s'il te/vous plaît
pocket = poche, *n.f.*
police station = commissariat, *n.m.;*
    (in the countryside: gendarmerie, *n.f.*)
polite = poli(e), *adj.*
potato = pomme de terre, *n.f.*
prefer, to = préférer, *v.t.*
present (*adj.*) = présent(e), *adj.*
present, to = présenter, *v.t.*
pretty = joli(e), *adj.*
price = prix, *n.m.*
problem = problème, *n.m.*
pullover, jumper = pull, *n.m.*
punish, to = punir, *v.t.*
pupil = élève, *n.m./n.f.*
puppy = chiot, *n.m.*
put aside (i.e. save), to = mettre de côté
put (on), to = mettre, *v.t.* (irreg.)

Q

quarter past *x* = x et quart
quarter to *x* = x moins le quart
quickly = vite, *adv.*
quiet, gentle, soft = doux (*m.*), douce (*f.*), *adj.*
quite ... = assez (+ *adj.*), *adv.*

R

rabbit = lapin, *n.m.*
radio = radio, *n.f.*
raise, to = lever, *v.t.*
read, to = lire, *v.t.* (irreg.)
reading = lecture, *n.f.*
red = rouge, *adj.*
red (hair) = roux (*f.* rousse), *adj.*
redhead = roux/rousse, *n.m./n.f.*
rent, hire, to = louer, *v.t.*
repeat = répéter, *v.t.*
restaurant = restaurant, *n.m.*
right = droit(e), *adj.*; on the right = à droite

right, to be = avoir raison
road = route, *n.f.*
roller-skate, to = faire du roller
room = pièce, *n.f.*
round (a place), to go = faire le tour de
rubber, eraser = gomme, *n.f.*
ruler = règle, *n.f.*

S

sales (in the shops) = soldes, *n.m.pl.*
Saturday = samedi, *n.m.*
sausage = saucisse, *n.f.*
save (money), to = économiser, *v.t./v.i.*
say, to = dire, *v.t.* (irreg.)
scarf (long) = écharpe, *n.f.*
scarf (headscarf) = foulard, *n.m.*
school = école, *n.f.*; school (secondary) = collège, *n.m.*
schoolbag = cartable, *n.m.*
school dining room = cantine, *n.f.*
sciences = sciences, *n.f.pl.*
score (a point, a goal), to = marquer (un point,
    un but), *v.t.*
screen = écran, *n.m.*
see, to = voir, *v.t.* (irreg.)
sell, to = vendre, *v.t.*
sentence = phrase, *n.f.*
she = elle
shirt = chemise, *n.f.*
shoes = chaussures, *n.f.pl.*
shoe size = pointure, *n.f.*
shop = magasin, *n.m.*; boutique, *n.f.*
short = court(e), *adj.*
shutter = volet, *n.m.*
shutter (slatted) = persienne, *n.f.*
shy = timide, *adj.*
silly = bête, *adj.*
silver = argent, *n.m.*
since = depuis, *prep.*
sing, to = chanter, *v.t.*
sister = sœur, *n.f.*
sister-in-law = belle-sœur, *n.f.*
sitting room = salle de séjour, *n.f.*, salon, *n.m.*
situated, to be = se trouver, *v.r.*
size = taille, *n.f.*
skate = patin, *n.m.*
    skating, to go = faire du patinage
skate-boarding, to go = faire du skate
skating rink = patinoire, *n.f.*
skiing, to go = faire du ski
skirt = jupe, *n.f.*
slim = mince, *adj.*
small, little = petit(e), *adj.*
so (therefore) = donc, *conj.*

so (e.g. so big) = si, *adv.*
so (much) = tellement, *adv.*
so (right then!) = alors, *adv.*
socks = chaussettes, *n.f.pl.*
some of (*pl.*) = du, de la, de l', des (see Summary
    of Grammar)
    some (a few) = quelque(s)
something = quelque chose
sometimes = quelquefois, *adv.*, parfois, *adv.*
son = fils, *n.m.*
son-in-law = gendre, *n.m.*
soon = bientôt, *adv.*
sorry = désolé(e), *adj.*
Spain = Espagne, *n.f.*
Spanish = espagnol(e), *adj.*
Spanish (language) = espagnol, *n.m.*
speak, to = parler, *v.t.*
spoon = cuiller/cuillère, *n.f.*
sport = sport, *n.m.*
sports centre = centre sportif, *n.m.*
sporty = sportif (*m.*), sportive (*f.*), *adj.*
spread (on bread), to = tartiner, *v.t.*
step-brother = demi-frère, *n.m.*
step-sister = demi-sœur, *n.f.*
stocky = costaud(e), *adj.*
stop, to = arrêter, *v.t.*
    stop (oneself), to = s'arrêter, *v.r.*
story = histoire, *n.f.*
straw = paille, *n.f.*
street = rue, *n.f.*
strict = sévère, *adj.*
strip cartoon = bande dessinée, *n.f.*
stroll, to go for a = faire une balade
strong, good at = fort(e), *adj.*
study, to = étudier, *v.t.*
study (office) = bureau, *n.m.*
subject (school), matter = matière, *n.f.*
summer holidays = grandes vacances, *n.f.pl.*
summer = été, *n.m.*
Sunday = dimanche, *n.m.*
sure, certain, safe = sûr(e), *adj.*
sweet (noun) = bonbon, *n.m.*
sweet (cute) = mignon(ne), *adj.*
sweet things = sucreries, *n.f.pl.*
swim, to = nager, *v.i.*
swimming pool = piscine, *n.f.*
Swiss = suisse, *adj.*
Switzerland = Suisse, *n.f.*

T

table = table, *n.f.*
table tennis = ping-pong, *n.m.*

take, to = prendre, *v.t.* (irreg.)
take out, to = sortir *v.t.* (irreg.)
tanned = bronzé(e), *adj.*
tea (4.00 pm snack) = goûter, *n.m.*
tea (drink) = thé, *n.m.*
teacher = professeur, *n.m.*
    (slang) = prof, *n.m.*
technology = technologie, *n.f.*
teenager = adolescent(e), *n.m./n.f.*
television = télé(vision), *n.f.*
tennis = tennis, *n.m.*
thank you = merci
that (+ noun) = ce (*m.*), cet (*m.*+ *vowel*), cette (*f.*)
that (that thing) = ça
the = le (*m.*), la (*f.*), l' (s. + vowel), les (*pl.*)
their = leur (*m./f. sing.*), leurs (*m./f. pl.*), *adj.*
there = là
there is, there are (describing) = il y a
    (pointing out) = voilà
        there you are! = voilà!
these, those (+ noun) = ces (*pl.*)
they (*m.*) = ils
they (*f.*) = elles
thin, slim = mince, *adj.*
think (carefully), to = réfléchir, *v.i.*
think, to = penser, *v.i.*
thirsty, to be = avoir soif
this, that (+ noun) = ce (*m.*), cet (*m.* + vowel),
    cette (*f.*)
Thursday = jeudi, *n.m.*
ticket = billet, *n.m.*
ticket window, counter = guichet, *n.m.*
tidy, to = ranger, *v.t.*
tie = cravate, *n.f.*
time = temps, *n.m.*
    what is the time? = quelle heure est-il?
timetable = emploi du temps, *n.m.*
tired = fatigué(e), *adj.*
to = à, *prep.*
    to the (*m.*) = au, *prep.*
    to the (*pl.*) = aux, *prep.*
    to the house of *x* = chez x
today = aujourd'hui
tomorrow = demain
too (also) = aussi, *adv.*
too (too much) = trop, *adv.*
    too much ..., too many ... = trop de ...
towards = vers, *prep.*
town = ville, *n.f.*
town centre = centre-ville, *n.m.*
train = train, *n.m.*
trainers = baskets, *n.m.pl.*; tennis, *n.m.pl.*
translate, to = traduire, *v.t.* (irreg.)

tree = arbre, *n.m.*
trousers (pair of) = pantalon, *n.m.*
true = vrai(e), *adj.*
try (to), to = essayer (de + infin.), *v.i.*
t-shirt = t-shirt, *n.m.*
Tuesday = mardi, *n.m.*

U

uncle = oncle, *n.m.*
under = sous, *prep.*
understand, to = comprendre, *v.t.* (irreg.)
undress, to = se déshabiller, *v.r.*
unfortunately = malheureusement, *adv.*
unique = unique, *adj.*
unit = unité, *n.f.*
united = uni(e), *adj.*
United States = États-Unis, *n.m.pl.*
until, up to, as far as = jusqu'à, *prep.*
us = nous
useful = utile, *adj.*
useless (at something) = nul (*m.*), nulle (*f.*), *adj.*
useless (unfit for use) = inutile, *adj.*
usually = d'habitude

V

very = très, *adv.*
violet = violet (*m.*), violette (*f.*), *adj.*

W

wait, to = attendre, *v.t.*
wake, to = réveiller, *v.t.*
wake up, to = se réveiller, *v.r.*
walk, to go for a = se promener, *v.r.*; = faire une
    promenade
    walk the dog, to = promener le chien
want, to = vouloir, *v.t.* (irreg.)
wash, to = laver, *v.t.*
wash (oneself), to = se laver, *v.r.*
washing, to do = faire la lessive
washing-up, to do = faire la vaisselle
wastepaper bin = corbeille, *n.f.*
watch, to = regarder, *v.t.*
we = nous

weak = faible, *adj.*
wear, to = porter, *v.t.*
Wednesday = mercredi, *n.m.*
week = semaine, *n.f.*
weekend = week-end, *n.m.*
weigh, to = peser, *v.t./v.i.*
well behaved = sage, *adj.*
well = bien
what ...? = qu'est-ce que ...?
when = quand, *adv.*
where = où, *adv.*
which? (+ noun) = quel (*m.*), quelle (*f.*),
    quels (*m. pl.*), quelles (*f. pl.*)
whilst, while = pendant que, *conj.*
white = blanc (*m.*), blanche (*f.*), *adj.*
who = qui
why = pourquoi, *adv.*
wife = femme, *n.f.*
win, to = gagner, *v.t.*
window = fenêtre, *n.f.*
with = avec, *prep.*
with best wishes (on letter) = amicalement, *adv.*
word = mot, *n.m.*
work, to = travailler, *v.i.*;
    (of machinery) = marcher, *v.i.*
write, to = écrire, *v.t.* (irreg.)
write soon! (on letter) = écris-moi vite!
wrong (incorrect) = faux (*m.*), fausse (*f.*), *adj.*
    wrong, to be = avoir tort

Y

year = an, *n.m.*, année, *n.f.*
yellow = jaune, *adj.*
yes = oui, *adv.*
yes! (in disagreement) = si!
you = vous (*polite* and *pl.*), tu, toi (*familiar sing.*)
young = jeune, *adj.*
young man = jeune homme, *n.m.*
younger, youngest = cadet (*m.*), cadette (*f.*), *adj.*
your (when using 'tu') = ton (*m.*), ta (*f.*), tes (*pl.*)
your (when using 'vous') = votre (*sing.*), vos (*pl.*)

Z

zoo = zoo, *n.m.*

Abbreviations

adj. – adjective
adv. – adverb
conj. – conjunction
f. – feminine
irreg. – irregular
m. – masculine
n.f. – feminine noun
n.m. – masculine noun

n.f.pl. – feminine plural noun
n.m.pl. – masculine plural noun
pl. – plural
prep. – preposition
sing. – singular
v.i. – intransitive verb
v.r. – reflexive verb
v.t. – transitive verb